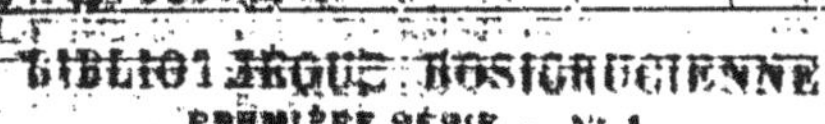

BIBLIOTHÈQUE ROSICRUCIENNE

PREMIÈRE SÉRIE. — N° 4

J.-G. GICHTEL

THEOSOPHIA PRACTICA

TRADUITE POUR LA PREMIÈRE FOIS EN FRANÇAIS

(avec cinq figures en couleurs hors texte)

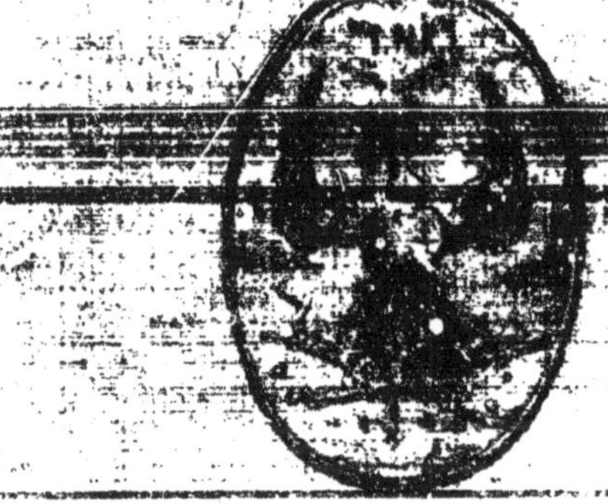

PARIS

CHAMUEL, ÉDITEUR

rue de Trévise, [illegible]

THEOSOPHIA PRACTICA

BIBLIOTHÈQUE ROSICRUCIENNE
PREMIÈRE SÉRIE. — N° 4

J.-G. GICHTEL

THEOSOPHIA PRACTICA

TRADUITE POUR LA PREMIÈRE FOIS EN FRANÇAIS
(Avec cinq figures en couleurs hors texte)

PARIS
CHAMUEL, ÉDITEUR
5, RUE DE SAVOIE, 5
1897

DANS LA MÊME COLLECTION

TRITHÈME. — *Traité des Causes secondes.*

RABBI ISSACCHAR BAER. — *Commentaire sur le Cantique des Cantiques.*

R. P. ESPRIT SABBATHIER. — *L'Ombre idéale de la Sagesse Universelle.*

POUR PARAITRE

MARTINEZ DE PASQUALLY. — *Traité de la Réintégration des Êtres.*

COURTE OUVERTURE ET INSTRUCTION

SUR LES

TROIS PRINCIPES ET LES TROIS MONDES

DANS L'HOMME

REPRÉSENTÉS EN FIGURES DISTINCTES

Comment et où ils ont leurs *Centres* respectifs dans l'homme intérieur; d'après ce que l'auteur a trouvé en lui-même dans la contemplation divine, et qu'il a ressenti, goûté et perçu.

Plus une description des trois genres d'hommes, selon le Principe *ou l'Esprit dominant; où chacun peut voir comme dans un miroir sous quel régime il vit:*

AVEC UNE INSTRUCTION SUR LE

COMBAT DE MICHAEL ET DU DRAGON

SUR CE QU'EST LA VÉRITABLE PRIÈRE EN ESPRIT ET EN VÉRITÉ

DESSINÉ ET ÉCRIT

PAR { **Johan Georg GRABER**, de Ringenhausen
Johan Georg GICHTEL, de Regensbourg

DANS L'ANNÉE DU CHRIST 1696

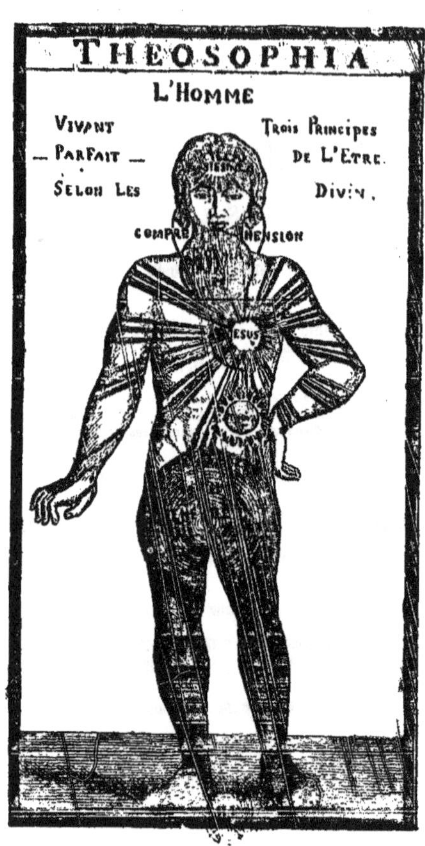
THEOSOPHIA
L'HOMME
VIVANT
— PARFAIT —
SELON LES
TROIS PRINCIPES
DE L'ETRE.
DIVIN.
COMPRE
HENSION
JESUS

PRACTICA
Sens
Ente
dement

PREFACE

DE L'ÉDITION DE 1736

1. — Le bien-aimé lecteur va recevoir ici, contre toute présomption, ce qu'il a espéré pendant un si long temps. Ce sont les figures de l'*homme intérieur* que l'auteur tint cachées par devers lui pendant quinze ans, jusqu'à la fin de sa vie, et que nous gardâmes encore pendant dix années.

2. — Elles auraient dû être tenues encore longtemps secrètes, si l'Amour ne s'en était inquiété, et pour plaire aux amateurs, ne nous eut à la fin donné la permission et incité à les confier à l'impression.

3. — Nous nous réjouissons de la grande

bonté de Dieu, parce que nos cœurs prisent le bien et se renvoient les louanges de Dieu.

4. — Reçois donc ce présent que te fait l'Amour, avec un cœur fidèle, comme s'il venait de Dieu même et sers t'en pour le salut et l'utilité de ton âme.

5. — Le lecteur nous saura gré d'avoir fait suivre les Figures de quelques mots d'explication; nous l'avons fait parce que l'Esprit de Dieu s'est révélé et nous a dicté les paroles nécessaires.

6. — En même temps, cela complète dans une certaine mesure ce que l'Auteur n'a pas expliqué tout au long; car on ne peut pas décrire d'un coup le Royaume de Dieu; on ne peut en dire que ce que l'Esprit nous en laisse savoir.

7. — Par le même influx de la grâce, nous avons suivi le procès de Jésus, en esprit, et par la vertu de Celui qui est le commencement et la fin de notre foi.

8. — Grâce à Dieu nous avons vu le jour après lequel l'AUTEUR en son temps avait soupiré.

9. — Nous avons eu aussi Jésus avec nous, et Il nous a fait profiter des travaux de la jeunesse de notre combattant pour l'utilité commune de tous les collaborateurs. Dieu soit loué. Amen.

INTRODUCTION

AU LECTEUR AMI DE DIEU ET DE LA SAGESSE

. — Quoique j'aie beaucoup hésité de partager cette petite fleur paradisiaque conquise par un long et fatigant combat avec ce monde grossier et sale, qui foule aux pieds la perle de la connaissance de Dieu et de Soi, et qui en persécute les fervents, mes chers collaborateurs m'ont obligé par leurs exhortations répétées, de mettre au jour cette représentation du mystère Divin dans son fond le plus intérieur, afin qu'ils aient un miroir devant les yeux pour s'y contempler.

2. — Afin que cela leur serve de commémoration et d'avis, parce qu'Adam, ayant commis la faute, réveilla et rendit opérante la Ténèbre froide et irascible dans ses formes de vie, et provoqua dans tous ses rejetons un violent combat du mal contre le bien, de la Ténèbre, de la Colère et du Non contre la Lumière, l'Amour et le Oui.

3. — Ainsi donc, que chacun se tienne sur ses gardes, qu'il prie et veille avec application et sévérité, qu'il déploie une vigilante surveillance sur tous les mauvais influx venimeux des constellations infernales et terrestres; qu'il prenne exactement garde à la convoitise, au désir et à l'*Imagination* de son caractère, de sorte que le Bien ne soit pas accablé et que sa chûte et sa séparation ne s'accusent encore davantage.

4. — C'est ce qui arrive très facilement et très vite quand l'âme prend confiance et se relâche un peu, quand elle se tourne inconsidérément vers le terrestre de l'Esprit de ce monde, ou lorsqu'elle laisse pénétrer en elle une pensée mauvaise contre son frère et qu'elle s'exalte par orgueil au-dessus des Trônes.

5. — Car les trois Principes appètent l'âme : chacun en recherche la régence et tourne tant qu'il l'ait obtenu ou qu'il ait été vaincu par le plus fort, c'est-à-dire jusqu'à ce que la Lumière, seule toute puissante, les ait liés et soumis, ainsi que je l'ai expérimenté durant les longues années de mon difficile combat.

6. — Il ne suffit pas de commencer cette entreprise avec de bonnes intentions; il ne faut pas, après y avoir durement travaillé pendant huit,

neuf, dix ans ou plus, faiblir étourdiment, aigrir d'autres faibles cœurs et les précipiter avec soi dans l'éternel malheur.

7. — Mais il faut sacrifier au Seigneur sa vie tout entière, s'abandonner à Lui de corps, d'âme et d'esprit, de fortune et de santé, et comprendre que c'est la seule grâce de Dieu qui nous a appelés à la régénération; il faut promettre à Dieu et à son Christ une fidélité et une constance éternelles et s'engager pour la vie à être un témoin de la vérité.

8. — A quoi cela peut-il servir d'aimer sa vie terrestre? Elle est périssable cependant, et, selon la parole du Christ, on la perdra. Il vaut bien mieux ne pas mettre la main à la charrue et attendre patiemment dans sa simplicité l'appel de Dieu, ou que, si l'on est travaillé par l'Esprit de Dieu, l'on dénombre humblement ses forces intérieures, pour ne pas opposer dix mille soldats à vingt mille; il vaut mieux aller lentement que voler à la rencontre de l'ennemi, le mépriser et en être enfin accablé.

9 — J'écris pour mettre en garde ceux qui marchent joyeusement derrière le Seigneur, mais qui n'ont point encore combattu. Car d'ordinaire, le commencement est doux, réjouissant et très agréable; mais quand cela devient sérieux, que

l'âme cherche à retirer sa volonté de la constellation extérieure pour se tourner vers Dieu, en son CENTRE, abandonner tout le visible et passer à travers la huitième forme du Feu, cela demande un travail acharné, des sueurs de sang; car l'âme doit alors lutter avec Dieu et les hommes.

10. — Dès donc que tu veux retourner à ta vie et l'aimer de nouveau, le Diable vient avec sept esprits plus méchants, entoure la pauvre âme dans toutes les formes, et te fait passer le reste de ta vie dans la grande misère, la pauvreté, la faim et les soucis gloutons et terrestres d'un esclave pour être enfin jeté dans le feu de Dieu avec tremblement, angoisse et douleur. J'ai, hélas ! connu de véridiques exemples de tels malheurs !

11. — Tu es, en ce temps, ton propre artisan. Restes-tu dans l'humilité et fais-tu de toi-même un ange, tu seras un ange. Mais, formes-tu en toi un fier démon turbulent, tu es un démon et Dieu ne peut te pardonner.

12. — Le Feu de la huitième Forme est le point de séparation; j'en ai extrait la figure du livre de Bœhme *De la Triple vie*, et je l'ai dessinée pour la rendre plus claire; car l'homme est devenu si terrestre et si extérieur, qu'il SPÉCULE toujours sur lui-même, et qu'il cherche très loin, au-dessus du

FIRMAMENT stellaire dans la suprême Eternité, ce qui est tout près en lui, dans le CENTRE intérieur de l'Âme.

13. — Les FIGURES suivantes peignent aussi comment les trois mondes se distribuent dans l'homme, ou dans quels rapports ils sont, comme le Dieu très bon me l'a révélé en introduisant mon esprit dans tous les CENTRES. Car je ne montre que les CENTRES, si quelqu'un voulait faire de grands cercles ou sphères, et les mouvoir les uns dans les autres, il peut le faire; tels je les ai vus en esprit, tels je les ai dessinés.

14. — Et bien que chacun n'arrive pas à cette contemplation, car elle a lieu par la grâce divine et la fidélité constante, la victoire et la suprématie, tout combattant sincère les retrouvera dans sa sensibilité, s'il agit intérieurement avec Dieu.

15. — J'ai décrit dans le cinquième chapitre le combat de Michael et du Dragon, ce qu'il est, comment il se déroule dans la création par la séparation de la volonté mue en beaucoup de volontés contraires; également, j'ai ajouté et expliqué quelles épreuves doit subir le fils de la Vierge jusqu'à ce qu'il soit établi dans le mariage spirituel.

16. — Et enfin, dans le sixième chapitre, j'ai parlé

de la prière et de son MYSTÈRE, nommément, ce que c'est que prier en esprit et en vérité, comme je l'ai appris par ma propre expérience; car la prière est le glaive toujours tranchant du soldat.

17. — Que le cher lecteur prenne ceci dans l'Amour; qu'il l'utilise et remercie Dieu, de Qui je l'ai reçu et à l'amour adorable de Qui je me recommande avec le lecteur, par la prière chrétienne.

CHAPITRE PREMIER

AVANT-PROPOS

1. — Lecteur qui cherches Dieu, on te communique ici complètement la roue de la genèse selon les trois Principes, afin que tu puisses voir effectivement comme les formes s'engendrent selon leur ordre dans le tempérament.

2. — Imagine-toi ceci d'une façon vivante dans ton âme ; tu comprendras avec d'autant plus de facilité les figures suivantes de notre Auteur, car la compréhension est intérieure.

3. — C'est pourquoi il ne veut que montrer, comme introduction, ce que l'image de Dieu première créée fut avant la chûte, chose que l'auteur reconnut pratiquement dans l'occulte de l'esprit, et qu'il t'a développée dans les figures de *l'homme parfait.*

4. — Et, si tu suis l'auteur avec application, la régénération sera réalisée pour toi, et tu l'accompliras,

DU GRAND MYSTÈRE

DE LA RÉVÉLATION DIVINE

SELON LE TEMPS ET L'ÉTERNITÉ

DANS LA FORME HUMAINE

1. — Si nous voulons contempler et observer l'homme dans sa profonde génération intérieure, il nous faut avec notre âme sortir de la vie ÉLÉMENTAIRE et de la sidéralité terrestre et nous tourner vers la vie intérieure divine de Jésus-Christ ; il faut appeler la grâce de ce cher médecin, afin qu'Il daigne ouvrir nos yeux fermés jusqu'alors par le diable dès le Paradis ; afin que nous recouvrions notre œil de lumière pour reconnaître et contempler Dieu en nous ; sans quoi tout demeurera un MYSTÈRE scellé et inconcevable à notre œil-sidérique raisonnable.

2. — Car ce que nous voyons de l'homme

est, à l'exception de la parole et du régime naturel de l'entendement sensible, commun à tous les animaux; et quand l'homme atteint son temps, il retourne, comme tous les animaux, dans la terre-mère; et beaucoup désireraient qu'il n'y eut point de résurrection afin que leurs œuvres ne viennent pas à la lumière.

3. — Parce qu'il a plu au Dieu bon de m'amener, moi indigne vermisseau, à la connaissance de moi-même, je n'ai point enterré celle-ci dans ma propriété; mais je la veux communiquer à celui qui l'utilisera, s'il s'y découvre de l'inclination, et j'ai représenté ces FIGURES afin que tel qui s'imagine voir Dieu dans la constellation extérieure, puisse LE concevoir en esprit.

4. — J'ai beaucoup travaillé de la sorte dans ma jeunesse; ayant lu dans l'Ecriture sainte que Moïse, Josué, David et autres saints hommes parlaient avec Dieu et voyaient le ciel; mais je ne pouvais réaliser mon INTENTION.

5. — Jusqu'à ce que Dieu miséricordieux me fut enfin apparu intérieurement, face à face, qu'il eût ouvert son ciel en moi, qu'il eut parlé avec mon âme, bouche à bouche, selon l'ENS et le MENS; cela me réjouit extrêmement, et m'enflamma d'amour pour mon adorable Jésus, à qui je me liai de corps, d'âme et d'esprit, ne voulant plus sortir de Lui, ni faiblir dans la souffrance ou dans l'affliction, et ayant la ferme confiance qu'Il ne me laisserait jamais séparer de Lui.

6. — C'est ce qu'Il a fidèlement accompli : A Lui soient donc l'honneur, la puissance, la force, le royaume et la splendeur dans l'Eternité. Amen !

7. — L'homme est proprement dans sa genèse extérieure et intérieure une constellation triple, comme on peut le voir par cette figure ; il vit dans un mouvement incessant et une convoitise affamée vers son CENTRE ; il tourbillonne toujours autour de ce dernier pour

l'atteindre et y trouver le repos ; et quoiqu'il atteigne son centre, il ne peut s'y reposer jusqu'à ce qu'il soit revenu dans son premier état, dont tout a été créé et engendré.

8. — La première constellation est la plus extérieure, c'est le régent de l'homme naturel, qui le porte vers les différents arts, métiers, études et affaires, qui fait les individus bons ou mauvais, riches ou pauvres, hauts et bas, comme chacun peut le constater. Adam est tombé dans ce régime par sa faute, et a entraîné avec lui tous ses enfants, de sorte qu'actuellement, sans un combat opiniâtre, et sans la régénération, nous ne pouvons nous en sortir tout à fait.

9. — Cette vie, avec les sept formes de la Nature extérieure, s'insinue jusqu'au cœur, jusqu'au Soleil, dont la racine est dans le Feu, d'où il tire sa splendeur et son éclat. Dans ces sept formes, le Diable, l'antique Serpent, s'est tapi et il a empoisonné l'âme, sur quoi l'on peut consulter l'*Apoc*. 5.

10. — La huitième forme est le Monde-du-Feu, avec les constellations ignées ; il se place au milieu du macrocosme et du microcosme ; il est le point de séparation entre l'homme extérieur et l'intérieur : dans la régénération, le Monde-de-la-Lumière est au centre ; c'est là que siège Jésus qui S'est soumis le Monde-du-Feu dans notre humanité.

11. — La racine de ce Monde-du-Feu est le Monde-ténébreux (1), avec la constellation ténébreuse, qui tient enfermé en soi le Monde-du-Feu, avec tous les diables et les âmes damnées ; c'est le lieu de séparation du Bien et du Mal, c'est le crible qui ne laisse rien d'impur passer dans le ciel intérieur de Dieu.

12. — Dans ce Monde-du-Feu se tient le Cherùb avec son glaive à deux tranchants ; il garde le chemin de l'arbre intérieur de la vie ; il faut que nous le combattions dans cette vie

(1) Sur la génération des Ténèbres, voyez Jac. Bœhm : *trois Princip.* c. XXI, v. 17.

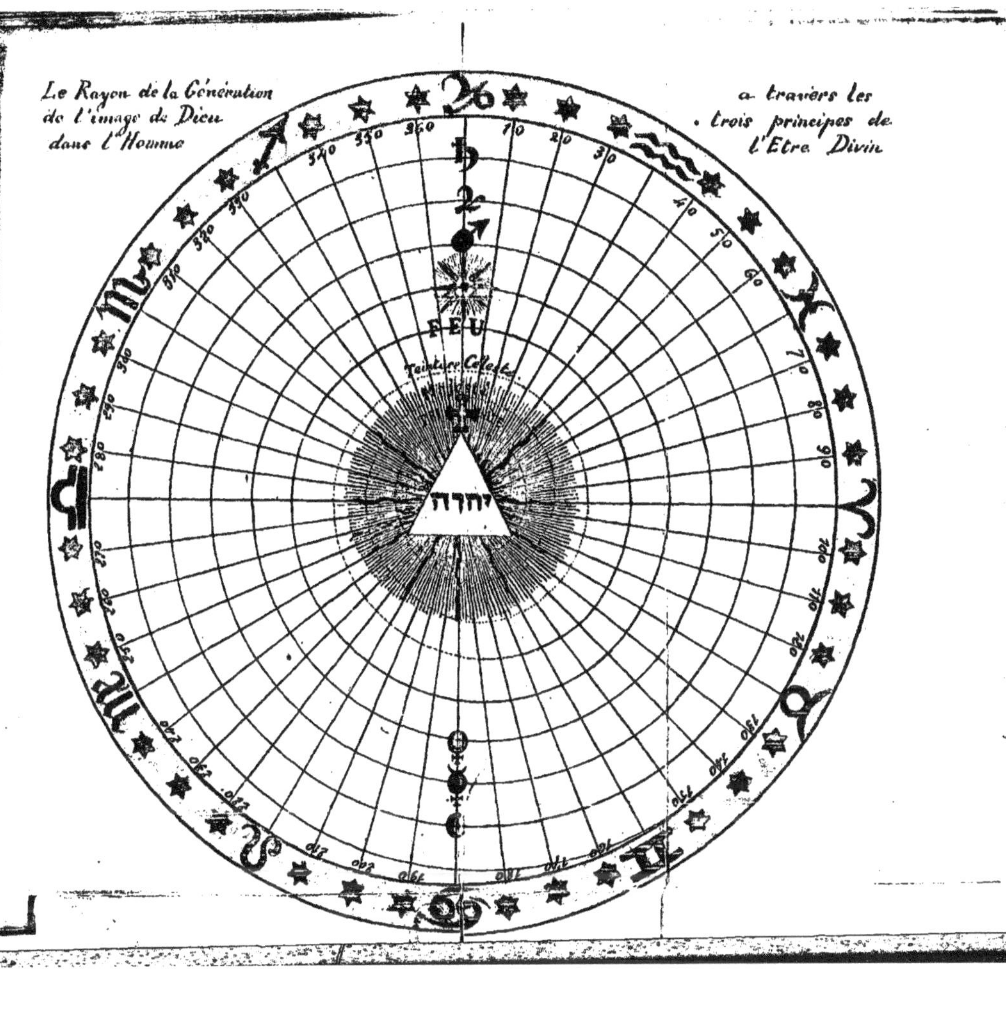
Le Rayon de la Génération
de l'image de Dieu
dans l'Homme
à travers les
trois principes de
l'Etre Divin
FEU
יהוה

ou dans l'autre, et que nous expérimentions la force de son bras ; car à la fin de notre vie se tiennent Moïse avec ses lois sévères, et le diable, avec le registre de nos péchés ; ce qui doit prévenir les hommes de ne pas différer leur pénitence jusqu'à la fin.

13. — Car aucune langue humaine ne peut exprimer la douleur que cause la lame de cette épée ! Bienheureux celui qui se purifie dans ce temps et qui appelle Jésus : la seconde mort n'aura pas de pouvoir sur lui. Malheur à celui qui a retardé ce soin, car il hurlera et grincera des dents, il maudira le jour de sa naissance, et il souhaitera n'avoir jamais vécu ; — voir *Jer.* XX : 14 et *Apoc.* VI : 16.

14. — Au delà de ce Monde-du-Feu, ou proprement entre ce Feu et la TEINTURE, sont les Anges et l'âme d'Adam, qui forment la neuvième roue. C'est ce dont l'Ecriture parle quand elle dit : « Il fait ses Anges esprits, et ses serviteurs des flammes de feu. » (*Hébr.* I, 7.)

15. — Le Monde-Ténébreux caché contient les trois premières formes jusqu'au Feu, et est appelé l'Enfer, en dehors du Feu ; c'est la puissance sévère de Dieu, vers laquelle le Diable a tendu, et qu'il a infernalisée, de même qu'Adam ;

16. — Ce monde aurait dû, après que le Christ l'eut fermé, rester secret dans le Feu, si l'homme, par ses péchés et ses crimes, ne le rouvrait dans ce monde en se diabolisant.

17. — Quand donc l'homme est transpercé par l'épée du Cherûb et qu'il a ainsi surmonté Dieu et l'Homme, la céleste Sophia le rencontre dans la neuvième forme ; elle rafraichit son âme par une douceur inexprimable, elle l'habille à nouveau de sa céleste présence ; alors l'âme devient un ange de Dieu, qui habite le Ciel et peut s'entretenir avec Dieu.

18. — Car ce n'est que sous ce nouveau vêtement qu'elle peut arriver devant le Saint-Ternaire et servir le Dieu-très-Saint, en esprit et

en vérité, par des prières, des hommages et des adorations, comme Melchisédech, prêtre du Très-Haut.

19. — Elle arrive à son but comme une fiancée qui soupire depuis de longs mois après le fiancé Jésus, et qui est enfin conduite dans la chambre nuptiale ; mais il faut qu'elle ait passé par les formes du Feu et qu'elle ait rempli ses années d'épreuve.

20. — Car le Père ne prend point de fils pour époux de sa chère Sophia ou Jésus, il n'en conduit aucun au lit nuptial, qu'il ne soit pur et constant ; et la céleste Sophia ne se confie pas non plus aux bras de son bien-aimé qu'elle n'en soit certaine de beaucoup de manières, car elle a été trompée par Adam.

21. — Et bien qu'elle descende quelquefois réjouir son amant dans la convoitise ténébreuse, afin qu'il ne s'assombrisse et ne se désespère pas, elle ne reste pas longtemps ; elle se retire bientôt dans l'homme intérieur comme dans

son PRINCIPE intérieur. C'est pourquoi la patience et l'humilité sont nécessaires.

22. — Mais celui qui faiblit et qui croit la forcer à le conjoindre par l'opiniâtreté ou l'impatience, et par une propriété puissante, celui-là doit savoir que Dieu n'a point pour lui de complaisance, et que sa chère Vierge n'estimera point son égoïsme; car la grâce ne répond qu'aux humbles et aux doux.

23. — Le dixième nombre est la Trinité; c'est là que l'esprit bienheureux doit se tenir immobile et chanter le *Sanctus*, *Sanctus*, *Sanctus*, avec toutes les cohortes célestes. Nous autres hommes ne pouvons rien y comprendre en dehors de la Vierge Sophia.

24. — Nous devons même creuser profondément si nous voulons contempler la révélation dans l'image intérieure virginale, car elle se génère elle-même selon les trois PRINCIPES et naît immédiatement de l'image virginale : ceci

est un secret caché, connu de ceux-là seuls qui vivent dans son intimité.

25. — Le lecteur peut facilement comprendre par cette FIGURE que Dieu est bien plus près au-dedans de lui-même que hors de lui dans les constellations de l'empyrée. Tout se réduit à retourner notre âme, à diriger notre convoitise intérieurement, à désirer Dieu, et à ne pas cesser jusqu'à ce que la chère Sophia avec le Saint-Esprit rencontre le désir de notre âme et la conduise graduellement.

26. — Car nous ne pourrions tout concevoir en une seule fois, parce que la roue de la Nature tourne continuellement et que nous ne pouvons apercevoir la profondeur de la divinité que par éclairs et comme dans un miroir obscur.

27. — Le premier coup d'œil est très-faible, et il est impossible de tout concevoir jusqu'à ce que l'esprit, par un long exercice perce la profondeur et arrive à la compréhension du MYSTERIUM MAGNUM ; c'est ainsi que je l'ai expé-

rimenté ; j'en dis d'ailleurs quelque chose au cinquième chapitre.

28. — Ceci n'est pas comme lorsqu'on regarde quelque chose et que l'on retient l'image dans sa mémoire, pour en discourir ensuite ; mais l'âme doit former un seul être avec la connaissance, et passer très souvent par le Feu afin qu'elle devienne FIXE.

29. — La recherche n'est pas le plus important ; mais la sensation, la saveur, le goût, qu'aucune langue ne peut décrire et dont l'amateur ne peut concevoir les abimes par aucune lecture, doivent passer dans l'Etre et y traverser le feu intérieur ; après quoi on pourra mettre ses expériences sur le papier. On reconnaitra tout seul que l'on a ressenti dans l'âme bien plus profondément qu'à la lecture.

30. — Certainement, à l'exception de la Bible, nous n'aurions besoin d'aucun livre au monde, si nous apprenions à lire en nous-mêmes notre livre intérieur des trois PRINCIPES.

Car il est si plein de merveilles que la langue humaine ne peut les exprimer et que l'ignorant ne les croirait pas.

31. — C'est pourquoi les écrivains illuminés ne trouvant pas de mots suffisants, s'expriment au moyen d'analogies prises dans la Nature extérieure, afin que l'étudiant soit conduit à une méditation plus profonde.

32. — Mais comme l'homme est devenu tout à fait extérieur et animal, comme il ne recherche que les trésors périssables de ce monde, comme il aime sa vie et dédaigne le Bien impérissable, beaucoup de choses lui demeurent scellées.

33. — Car que ferait un pourceau du collier d'or ou un oiseau de basse-cour de la perle? Ils les fouleraient aux pieds dans le fumier parce qu'ils n'en connaîtraient pas le prix.

34. — Mais une âme affamée de Dieu et de Sa connaissance, agissant dans l'humilité et

qui cherche dans la simplicité de son désir, trouve de soi-même sans un travail trop grand, trop difficile ou trop douloureux. Car Dieu est autour; Il aime l'humble qui s'estime tout à fait indigne de Son grand amour, et qui est souvent loin de concevoir la connaissance de Dieu.

35. — Dieu est l'ennemi des entendements personnels et fiers ; il leur tourne le dos, parce qu'ils se tiennent pour sages et savants et qu'ils veulent lire dans le livre de Ses Secrets avec les lunettes de la raison.

36. — Celui qui prie Dieu pour Son Esprit-Saint, sans cesser, trouvera la meilleure et la plus sûre voie, et recevra un guide qui le conduira dans tous les abîmes, lui ouvrira toutes les serrures et toutes les portes; ainsi qu'en rendent témoignage et que nous l'enseignent par leur exemple tous les hommes illuminés ; en dehors de cela, on ne trouve rien.

37. — D'après cela, le chercheur affamé ne bornera pas son ETUDE à la lecture et à la

science écrite ; il pensera aussi à commencer sa route et à côté de la prière assidue, il haïra la vie terrestre, recherchera l'intérieure, ainsi que je l'ai fait ; il reconnaîtra de la sorte que les leçons et les enseignements viennent de Dieu.

38. — Ici s'applique la parole du Christ « qui demande recevra, qui cherche trouvera, à celui qui frappe sera ouvert. » Car le trésor est profondément enfoui dans les âmes, gardé par la Colère de Dieu qui doit être avant tout vaincue au moyen de l'Amour de Jésus ; sans cela, on ne trouve rien car cette Colère garde fortement ce qu'elle a dévoré.

39. — C'est pourquoi, le Christ nous apprend et nous exhorte à lutter, à combattre, pour passer par cette porte étroite : il y faut une application extraordinaire, comme celle dont Jacob fit preuve dans l'exécution des ordres que Dieu lui donna.

40. — Fais ainsi ; enveloppe-toi dans l'amour de Jésus-Christ ; ne laisse jamais sortir ta

volonté de Ses blessures ; crois fermement dans Ses promesses, car Dieu ne peut mentir ; et ne te laisse pas entrainer vers le doute par ton cœur.

41. — Car la Colère de Dieu pénètre dans ton corps et dans ton âme par Son Non aigu et éprouve jusqu'à la base si tu es bien enraciné en Jésus ; et si elle voit qu'elle ne peut pas renverser dans ton cœur Jésus, elle se rend enfin et n'exerce plus son acuité.

42. — Alors poind l'aurore de l'amour de Jésus dans ton cœur ; elle TRANSMUE la Colère en la grande Miséricorde, et je te souhaite, cher Lecteur, de ressentir et de jouir de cette sapidité que je ne puis rendre par des mots.

43. — Plus l'âme creuse en elle, plus elle approche de Dieu, jusqu'à ce qu'enfin elle s'arrête devant la Sainte Trinité ; alors elle atteint une profonde connaissance.

44. — Puis l'Esprit de Dieu sort avec l'âme

jusque dans la Nature la plus extérieure et lui montre, devant et derrière, la génération de l'Un, comme majesté du Ternaire, à travers les Sept Formes ; et l'âme ressent une joie bien plus grande dans cette science que dans tous les trésors du monde.

45. — Car qu'est-ce qui peut être plus cher à une âme que Dieu, l'amour éternel, dont la douce savour surpasse tout entendement humain, et quand le rhéteur et le poète le plus habile y emploieraient tout leur art, ils ne pourraient cependant l'exprimer.

46. — Beaucoup d'âmes se maudiront au jour de la Révélation, d'avoir été si près d'une telle grâce, de l'avoir poursuivie jusqu'à la fin et de n'en avoir pas profité.

47. — L'âme non exercée aura un voile devant les yeux, parce que, dans la FIGURE ici représentée, le Père est dans la huitième forme, tandis que dans les roues de la Nature éternelle, il est à la quatrième.

48. — Car, dans ladite FIGURE, on commence à la Nature extérieure, où la vie humaine roule et tourbillonne du dehors au dedans.

49. — Cette dernière est triple comme l'extérieur terrestre ; vient ensuite la Vie — ignée — ASTRALE de qui elles participent toutes deux ; et la Vie ignée intérieure avec sa racine dans les ténèbres est le point d'origine de l'esprit ou de la lumière intérieure de vie.

50. — Mais quand la Nature Eternelle s'organise en formes, les trois premières sont prises pour le premier PRINCIPE ; et le Feu comme générateur nécessaire de la vie.

51. — Ceci doit aussi s'entendre du SPIRITUS MUNDI qui fut donné aux enfants d'Israël, sur le mont Sinaï, par les lois de Moïse, — qui est la nature de ce Père, nommé dans la forme ignée, un Dieu jaloux et colère et un feu consumant.

52. — De même que dans la cinquième forme

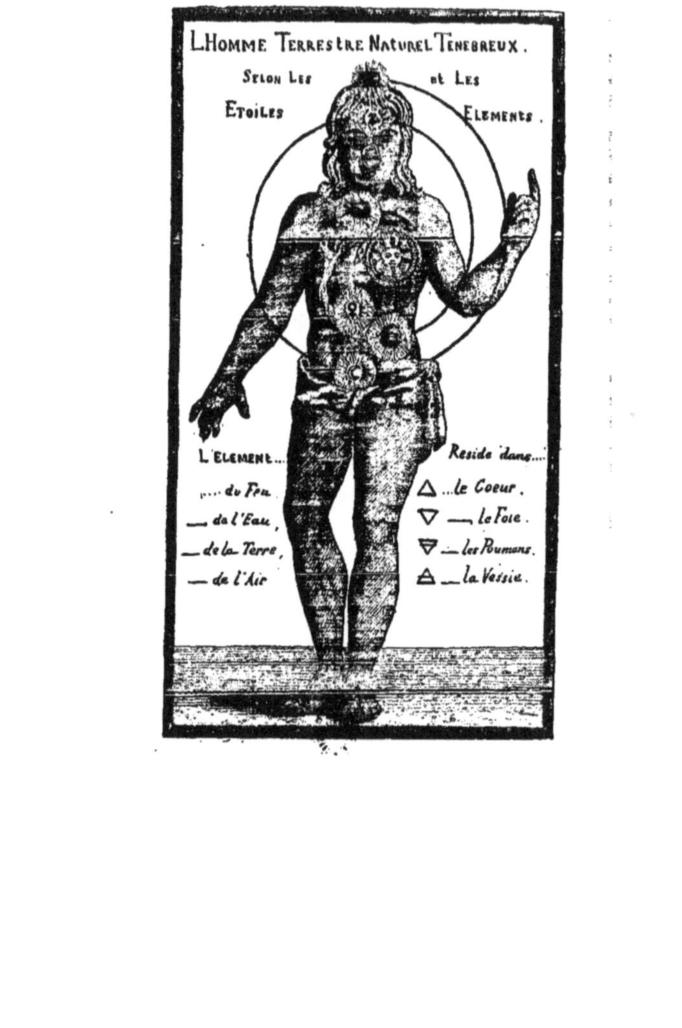
L'Homme Terrestre Naturel Tenebreux.
Selon les Etoiles
et les Elements.
L'Element...
.... du Feu
— de l'Eau,
— de la Terre,
— de l'Air
Reside dans...
... le Coeur.
— le Foie.
— les Poumons.
— la Vessie.

de la Nature éternelle, Dieu est appelé une lumière d'amour.

53. — Deuxièmement, l'âme non éclairée, trouvera encore une pierre sur son chemin, si elle croit que, dans l'homme intérieur régénéré, le PRINCIPE médium est celui de la Lumière ; on voit dans la figure correspondante que le monde igné est le centre et le point de séparation entre la Nature extérieure temporelle et entre la Nature intérieure éternelle.

54. — L'étudiant doit être assuré que cette figure reproduit bien l'ordonnance de la Nature éternelle dans l'intérieur ; il remarquera que le premier PRINCIPE, comme racine ignée se présente comme sortant du centre ou s'élevant d'en bas ; aussi toute l'ordonnance se développe comme une végétation.

55. — Ceci n'est donné que pour les simples, faibles de conception et facilement fatigués de la recherche, car tout ceci est plein de CONFUSION.

56. — Quand l'homme arrache son âme ignée de la lumière divine, et quand il pose sa vie propre dans la constellation extérieure, son âme devient le dragon rouge-feu à sept têtes, que chevauche la prostituée de la constellation de l'entendement extérieur et qui combat le Très-Haut dans l'abime de Lumière, ainsi qu'on l'explique au chapitre suivant.

57. — Mais si l'âme ignée demeure dans l'humilité, et si elle tire de l'amour l'aliment de sa combustion, elle devient un ange du Seigneur par qui se manifeste Sa majesté et Sa mansuétude ; — elle se fiance à la Sophia ainsi qu'il est dit au troisième chapitre ; elle combat le dragon igné de l'ipséité (chap. IV) elle est constamment armée du glaive de l'Esprit (chap. II), et elle vit comme un prêtre de Dieu, saintement, modestement et dans l'abnégation.

CHAPITRE DEUXIÈME

AVANT-PROPOS

1. — Dans la figure ci-contre, qui est la première de notre auteur CENTRAL et illuminé, le cher lecteur apprend ce qu'est la chûte d'Adam et comment il rompit tout entier avec Dieu et le Oui.

2. — Il est devenu un rayon personnel, d'ESSENCE étrangère et fausse, qui s'appelle le mensonge. (C'est Satan, l'antique serpent, dressé dans le cœur de no premiers parents, et que, d'après cela, notre adorable Sauveur, qui nous est esprit et vie, appelle le père du mensonge (*Ioh* 8, 44.) Cette essence tourne sur elle-même, en bien et en mal, et n'atteint que le soleil extérieur.

3. — L'âme est morte intérieurement, elle est devenue l'enfer où agit la corruption éternelle.

4. — Que l'homme s'en écarte donc bien loin et tourne son courage vers Dieu.

5. — C'est ce que l'on appelle faire pénitence ; l'opération est dans le cœur, les prières le poussent avec force hors de l'Abîme infernal, frappant avec violence à la porte du Ciel et l'attirent à lui dans la Foi.

6. — Ceci comprend la Régénération ; l'étincelle de la Foi

brille dans les profondeurs de l'Ame ; le cœur passe par le Feu de l'Angoisse, dans la sainte combustion de qui s'élèvent la confiance et l'abandon à Dieu, et Jésus désire une stature dans le cœur.

7. — Avec ceci, la Foi dans la force de Jésus éclate à travers toute la puissance de Satan ; et toutes les chaînes de la colère et de l'obscurité, qui garottaient l'Ame dans les Formes de la Nature, sont brisées, et le joug de Satan est rejeté.

8. — Ceci arrive par la mort ; Jésus nous montre par la sienne qu'il faudra subir une semblable agonie, quand notre âme qui s'étend de toutes ses forces par la prière devant Dieu, est devenue elle-même l'arbre de la Croix.

DE L'HOMME NATUREL

1. — Quand le lecteur ami de la Sagesse recherche Dieu dans ses miracles et qu'il veut contempler en soi l'occulte Ternaire, il faut avant tout qu'il rentre en lui-même et qu'il apprenne à se connaître jusqu'au fond dans sa genèse et sa vie triple, car il est en soi l'éter-

nelle image de Dieu selon les mondes de ténèbre et de lumière.

2. — Et de même que ces Trois qui ne sont qu'Un, se distinguent dans leurs ESSENCES et leurs opérations, telle est la triple vie de l'homme, et elle ne peut être autrement conçue : chacun reste dans sa volonté propre, son feu ou son esprit.

3. — Chaque feu a aussi son CENTRE propre et convoite l'aliment particulier qui lui est agréable ; et il n'en prend point d'autre, c'est pourquoi on trouve chez les hommes des façons de vivre différentes.

4. — La Vie extérieure, engendrée comme une semblance du monde intérieur ou éternel, a son CENTRE dans le cœur extérieur, dans la chair et le sang ; elle est commune à tous les animaux qui ne cherchent qu'à se nourrir et à se reproduire.

5. — Son aliment est la constellation avec

ses éléments et l'air qui souffle sur le feu du cœur ; cette vie a son rayonnement dans les sept formes de la Nature externe, qui lui donnent de l'intelligence, la gouvernent et l'excitent, elle a un commencement et une fin temporelle et se rompt jusque dans la TEINTURE ou l'ESSENCE qui réside dans le Feu ; mais les animaux ne sont point ainsi.

6. — La Vie de l'âme sort du Feu éternel intérieur, qui a aussi son CENTRE dans le cœur, mais plus profondément ; il est représenté dans la figure suivante par un GLOBE sombre placé au-dessous du cœur. C'est le Dragon igné ou Esprit-de-ce-Monde ; et il est aussi uni avec la première vie que l'homme avec la femme ; sa racine est dans l'Abîme.

7. — Il engendre également sept statures, mais qui ne produisent que l'angoisse, la suffisance et la vanité comme on le voit aux diables et aux hommes non régénérés. Ce sont les sept sceaux que le Diable imprime sur l'âme

pour qu'elle n'aperçoive pas le Feu divin dans l'amour de qui elle devrait se réconforter. (*Apoc.* 5).

8. — Son aliment est partie les Essences du corps extérieur, partie les étoiles et les éléments ignés du Diable, soit la suffisance, l'avenir, l'envie, la colère, l'hypocrisie, les crimes et tous les péchés ; son esprit est le souffle irascible de Dieu, qui pousse et gouverne l'homme.

9. — Selon le corps terrestre, c'est la lumière du soleil dont il se sert ; mais en lui-même il opère en dehors du corps, d'une façon diabolique, commes les chats, les rats, les souris et les animaux nocturnes.

10. — Dans ces deux Vies, sous la forme humaine, l'être n'est qu'un animal diabolique ; il a extérieurement une qualité douce ou sauvage et selon l'âme, il n'est qu'un ver dégoûtant.

11. — Car toute volonté propre est un pur

diable ; et quand la vie extérieure cesse, l'âme se trouve dans sa volonté acquise dans l'abîme ténébreux avec les diables.

12. — La troisième vie est la sainte Vie-de-Lumière ; elle est cachée, inactive et insensible dans l'homme naturel, son Feu est celui de l'Amour divin où brûle la volonté du Régénéré.

13. — Ceci part encore du feu du cœur ; mais à un degré plus profond, comme on le verra au chapitre suivant.

14. — Son aliment est la céleste présence, la chair et le sang du Christ ; et ses puissances dans le corps nouveau sont l'amour humble, la douceur, la justice, la vérité, etc. Elle engendre aussi les sept Formes spirituelles, mais dans l'abaissement et l'humilité.

15. — Son action, son mouvement c'est le Saint-Esprit, producteur de la joie céleste ; car il donne au Feu de l'âme l'eau-douce de la Vie

éternelle pour se rafraichir et faire de l'Angoisse une Jubilation.

16. — Cet Esprit donne les rayons de sa TEINTURE à la Vie sensible externe et contient en bas comme en haut les influences venimeuses de la constellation et du Diable.

17. — Ces deux Feux (celui de la Colère et celui de l'Amour) sont éternels, et insufflés de l'Eternel en Adam dont le corps était à l'origine dans un TEMPÉRAMENT équilibré.

18. — Mais, comme la Colère voulut être manifeste et devenir prépondérante en Adam, ils se combattirent par le consentement de celui-ci : telle fut sa chûte et sa séparation de la MATRICE d'eau ou de lumière en l'humaine nature; telle fut la corruption du corps paradisiaque remplacé dans un sommeil par le corps terrestre ou siégent les maladies et la mort.

19. — Remarquons que dans le combat de cette triple Vie, Adam aspira les trois PRIN-

CIPES parce qu'il désirait déguster et éprouver leurs qualités : c'est pourquoi Dieu démembra sa vie, ainsi que l'enseigne clairement le Christ (*Luc* 15, 12, 30).

20. — L'Ecriture dit que tous les hommes viennent d'une semence de péché ; nous avons le même mode d'apparaître sur cette terre et d'en disparaître que les animaux, avec cette différence que l'âme de l'homme vient de l'Eternel.

21. — C'est pourquoi nous sommes éternels, et les animaux des créatures périssables dont il ne reste que l'ombre. Mais à la fin des temps nous ressusciterons pour le jugement et l'éternelle damnation ou pour la joie et la splendeur éternelles.

22. — Puisque nous savons que Dieu est juste et véridique, qu'Il ne peut mentir, ouvrons les yeux et ne vivons plus comme des bêtes, selon cette chair d'où nous vient toute notre corruption.

23. — L'Ecriture nous révèle deux sortes de

Feux : l'un divin, allumé au ciel ; et un autre, étranger, allumé dans la Nature terrestre et les éléments inférieurs par la main de l'homme.

24. — Les prêtres du temple extérieur durent entretenir ce dernier avec du bois : mais Dieu n'accepta pas leur offrande et les confondit dans sa colère. (*Num.* 16.)

25. — C'est là une très belle image des deux feux spirituels qui sont en nous, celui de l'Amour et celui de la Colère : celui-là c'est le feu surnaturel de Dieu, qui descend du ciel intérieur ; celui-ci est le feu naturel de la propriété créaturelle dans le corps et dans l'âme, excité par la mauvaise convoitise.

26. — Ils ne sont qu'un et ne se différencient que dans la douleur, comme on le voit au feu et à la lumière physiques ; tous les deux insufflés par Dieu en Adam ; et la convoitise terrestre et le faux désir du premier homme les séparèrent l'un de l'autre comme de la divine HARMONIE.

27. — Ils luttent maintenant dans l'homme, dès sa semence même ; et celui qui l'emporte, régit la forme de l'enfant dans le ventre de sa mère, ainsi que les figures de Caïn et d'Abel, d'Esaü et de Jacob l'expliquent.

28. — Ils produisent deux sortes d'hommes, les bons et les mauvais ; et ceci n'arrive pas par un ordre divin comme le prétend l'entendement ; l'Ecriture sainte nous enseigne que Dieu ne créa qu'un homme. (*Mal*, II, 15, *Gen.* I.)

29. — Aussi, lorsqu'Adam et Eve commirent l'infraction relative à l'arbre de la connaissance du bien et du mal, et qu'ils se furent rendus tout à fait brutaux et diaboliques selon le corps et selon l'âme, le Verbe éternel s'est enfermé dans la MATRICE d'Eve comme recréateur et régénérateur, et s'est replacé comme adversaire du Diable dans la lumière de vie.

30. — De cette opposition est venue l'inimitié et le combat entre les semences, (*Gen.* 3) de sorte

que d'un père et d'une mère sortirent des enfants de nature, d'AFFECTIONS et de penchants fort divers.

31. — C'est pour exposer tout ceci au lecteur avec quelque détail que je veux lui montrer dans des FIGURES la constitution de l'homme triple.

32. — La première FIGURE représente le corps animal. (Car le corps paradisiaque est détruit et inconnu.) Les signes montrent les nombreuses formes des éléments qui s'y manifestent.

33. — Parmi eux, la bile et le suc gastrique causent la COCTION stomacale, et par le surcroît ou le défaut de l'une ou de l'autre substance, l'ARCHÉE se corrompt et toutes sortes de maladies se déclarent dans le corps.

34. — Voyez notre misère, dans quelle pourriture la vie est prisonnière et comme la mort l'environne de toutes parts ; nous ne savons si,

dans un instant, l'un ou l'autre élément ne va pas se soulever dans le corps, étouffer la vie, la noyer, ou dessécher l'humide-radical.

35. — Cependant nous nous occupons de cet animal, nous l'ornons de fourrures et de tissus, nous le parons de joyaux, de perles, d'or et d'argent, nous le remplissons de toutes sortes d'aliments exquis, et nous perdons souvent notre pauvre âme à cause de lui.

36. — Quand nous avons atteint ce paradis terrestre, la mort vient donner le corps à dévorer à la terre et aux vers, et l'âme au Feu obscur et infernal : pour beaucoup elle arrive de bonne heure et sans être attendue ; et elle ne s'en va pas sans de grandes angoisses ainsi que je l'ai remarqué chez les agonisants.

37. — L'Esprit de vie de cet homme terrestre est l'air, avec les sept Formes, terrestres et SIDÉRALES ; sa vision est la lumière du soleil ; son CENTRE est la Ténèbre éternelle, qui l'emprisonne s'il n'arrive pas à la régénération.

38. — Comme l'alimentation de l'homme est confiée au grand Esprit sidérique du Monde et aux éléments, ces derniers s'emploient de toute leur force à obtenir sa direction.

39. — Mais Dieu a mis l'âme dans le corps pour le gouverner, et lui a donné comme aide sa Vierge céleste, la sagesse de la lumière de vie, afin que l'âme puisse opérer et manifester les miracles de Dieu dans ce monde au moyen de l'Esprit extérieur comme INSTRUMENT : car les miracles de Dieu sont dans l'âme de Feu.

40. — L'Ame-de-Feu s'est séparée de sa chère auxiliatrice, pour être sa propre maîtresse et pour faire en ce monde, sa volonté ; car elle crut que la force et la puissance des miracles lui étaient propres.

41. — C'est cela qui est proprement la chûte d'Adam, il ne voulut plus se multiplier avec la Vierge céleste et lui obéir ; mais il désira une femelle, comme les animaux, voulut jouir corporellement des fruits et des plaisirs terrestres.

42. — Alors Dieu le mit en sommeil, réunit la MATRICE féminine avec la TEINTURE de lumière ou d'eau en une femme et FORMA au moyen du SPIRITUM MUNDI, son corps grossier avec des membres, tel que nous sommes encore aujourd'hui et comme l'indique la FIGURE.

43. — Ainsi l'Esprit extérieur du Monde reçut la régence en Adam et en Eve, dans l'Ame-de-feu, qu'il conduisit par la suite, avec les mensonges du serpent et son désir terrestre, jusqu'à la jouissance du fruit défendu.

44. — Nous devinmes de la sorte, enfants de ce monde courbés sous le joug de l'Esprit de ce monde, qui nous mène par sa faim insatiable, aussi durement que Pharaon gouvernait les enfants d'Israël ; de sorte que nous pourchassons les honneurs, le renom, la splendeur, la volupté et la grandeur comme si nous devions vivre éternellement dans ce monde.

45. — A cela coopère la faim insatiable des âmes, venue de l'abime noir, sur lequel est

élevé le monde ; et elle porte les âmes à la luxure brutale, aux crimes, aux vols et à toutes les perversités, fruits dont la semence est en elle, comme on le voit à la première génération de Caïn.

46. — L'Ennemi des hommes a jeté son ivraie sous le bon grain qui végète jusqu'à la moisson, époque où Dieu le ramasse dans son aire, tandis qu'Il lie en bottes l'ivraie et la jette au feu.

47. — Le Feu est une très bonne chose, et on ne peut le négliger ; il donne aux hommes la chaleur, la lumière pour qu'ils puissent voir dans les ténèbres, et il leur est nécessaire pour leur cuisine et pour toutes sortes d'usages.

48. — Le Feu divin quand il brûle dans l'Amour est également utile et bon, et l'on ne peut s'en passer, car il donne à l'homme le moyen de voir dans les ténèbres, il aide les miracles de Dieu à se produire, il donne force et puissance à la lumière ; et porte les choses de

l'Obscurité à l'Etre ce qui serait impossible à la lumière seule. Il provoque la joie, le contentement et la jubilation dans le Ciel, comme la douleur dans les Ténèbres.

49. — Quand il veut dévorer, conserver et anéantir tout ce qui l'entoure, il est mauvais ; il brûle tant qu'il trouve de la MATIÈRE pour l'alimenter ; lorsqu'il s'éteint il ne reste que du charbon noir, de la cendre et de la poussière. Pour cela, Dieu a créé l'eau qui peut préserver du feu.

50. — De même, le Feu de la Colère divine lorsque, sortant de son ordonnance, il se sépare d'avec la Lumière, veut devenir propre et absorber tout le bon ; lorsqu'il n'est pas éteint, il dévore l'Humidité huileuse en sorte que la lumière s'éteint et que le feu devient un dépôt noir, comme on le voit dans la seconde Figure.

51. — Les signes des planètes représentent la roue de la Nature extérieure, le corps SIDÉ-

RIQUE qui s'enroule en lui, même jusque dans le soleil. Autour du soleil, il y a un serpent, qui est le Diable dans le SPIRITUS MUNDI, lequel s'insinue dans notre forme de vie terrestre, jusqu'au soleil.

52. — Le cercle ou GLOBE qui est autour du soleil représente le monde de la Lumière qui est caché.

53. — Et le GLOBE sombre dessiné au-dessous, indique l'âme de Feu ou la Colère de Dieu.

54. — Si ce GLOBE était allumé par le feu de l'Amour divin, et qu'il produisit une claire lumière au plus profond du cœur, le vieux serpent, Satan, serait précipité dans la Ténèbre.

55. — Et tu serais un homme angélique régénéré, un enfant de la Lumière qui combattrait la chair et le sang, le Diable et le monde, qui crucifierait la volonté propre avec toutes ses œuvres, et qui suivrait le Christ dans sa régénération.

56. — Mais actuellement tu es dans une forme d'Antechrist et tu hais la Lumière parce que tes œuvres sont mauvaises. C'est ta propre Volonté irascible, créaturelle qui te fait pervers et damnable et non pas Dieu ; c'est elle qui te fait marcher et agir selon ses lois, qui te rend désobéissant à l'Esprit de Dieu et t'empêche d'être le fiancé de la céleste Sophia ;

57. — Mais qui fait de toi un humanimal personnel, qui vit selon ton plaisir et tes commodités de la vie charnelle extérieure, sans croix ni opposition, qui n'appelle point le Christ, qui ne ressent ni faim ni soif de la céleste présence et qui s'efforce sans cesse après les honneurs et la fortune.

58. — Oui, répond la Volonté créaturelle ; je ne puis rien sans le Christ, je ne puis rien aliéner par moi-même, ni rien donner à Dieu qu'Il me le permette ; s'Il veut me mener au combat contre moi-même, qu'Il m'arme de l'Esprit de prière, afin que je puisse persévérer.

Car celui qui met la main à la charrue et qui la quitte, est incapable du royaume de Dieu. Je préfère rester dans ma simplicité que de m'efforcer vers des choses supérieures; je demeure ainsi paisible et tranquille; si je ne suis pas appelé à la sixième heure, Dieu peut m'appeler à la onzième; qui se charge soi-même d'une croix, doit la porter; si Dieu veut m'en donner une, il saura bien me trouver.

59. — Réponse : Tout cela est vrai, cher ami, ton opinion est très bonne; mais tu te diabolises encore, tu couvres ta conscience de feuilles de figuier, pensant que Dieu ne voit point ton égoïsme dans une telle obscurité. Si tu ne le savais, et si la Volonté de Dieu ne t'était pas manifestée, il faudrait que tu puisses te garantir du Feu pénétrant de la colère divine.

60. — Tu sais cependant bien que ce n'est pas au devant du porcher que Dieu le Père se précipite, mais à la rencontre de cette Volonté convertie, qui conçoit dans son cœur un désir

et qui se dirige vers Lui avec une humilité profonde ; et bien qu'elle soit encore loin, Il l'embrasse, la baise et l'habille.

61. — Ta volonté voit très bien que, quand même elle ne concevrait qu'un désir vers Dieu, ce Dieu se hâterait à son secours et l'armerait de sa force ; mais elle s'aime trop et craint de perdre sa vie quiète selon la Chair et le Sang.

62. — Elle devrait désirer sortir de l'écurie du Diable ; perdre sa propre Nature, mourir et trouver un violent adversaire qui la précipite hors de la sombre Racine ignée avec le doute, l'angoisse, l'incrédulité, l'impatience et la colère.

63. — Extérieurement, elle sera accablée, fouettée, honnie, excédée, haïe et méprisée et considérée comme folle par ces porcs ; comme abandonnée de Dieu et des hommes, elle sera clouée à la croix et criera : « Mon Dieu, Mon Dieu ! pourquoi m'as-tu abandonnée ? » Où la vie naturelle prendrait-elle sa subsistance ?

64. — C'est avec de telles représentations que le Diable immobilise la plupart des hommes ; et quoique Dieu les appelle journellement, à toute heure, à son festin, l'un s'excuse sur ses bestiaux, l'autre sur son champ, le troisième sur le mariage terrestre, et le quatrième sera dans le besoin de longues années avant de devenir pieux.

65. — Dieu n'accepte pas la Volonté égoïste; ce n'est qu'un démon adverse et obscur dans l'homme, et qui appartient à l'enfer et non au ciel.

66. — Mais si l'homme encore chargé des liens de la chair et du sang, ne veut pas passer le Feu d'Angoisse de la Colère divine et lui laisser consumer son égoïsme, il faudra qu'il subisse l'épreuve après sa vie terrestre ; et cela ne sera plus si doux. Que celui qui a des oreilles entende.

67. — Dieu a insufflé dans l'homme avare le libre arbitre, les sept Formes pour la produc-

tion de l'éternelle Trinité et de la Sagesse divine ; il a ordonné l'entendement, avec les cinq sens pour le secours extérieur ; afin que la libre Volonté règne dans toute créature et que les merveilles de Dieu soient manifestées.

68. — Mais le but de cette volonté est de se soumettre et d'obéir au Créateur, d'être ouvert humblement à l'abîme de la Lumière divine pour ce qu'elle veut opérer et révéler; la Volonté doit manger avec foi le VERBE du Seigneur, comme la chair et le sang christique de l'homme intérieur ; et non pas se nourrir des fruits terrestres venus du corps extérieur.

69. Ainsi cette Liberté divine s'est séparée en toi de l'Abîme de lumière, s'est fait Dieu, et elle règne maintenant avec ses Formes de Nature extérieure, sur l'entendement et les sens, dirige l'âme, combat et contredit Dieu dans le fond le plus intérieur, fait ce qu'il lui plaît, et ce qui est agréable à la chair, est un Diable, un dragon du feu et un serpent, que

Dieu doit combattre avec sa forte Puissance-irascible, capturer, soumettre, pulvériser et rejeter.

70. — Mais que Dieu vienne intérieurement au secours de la pauvre âme prisonnière par son Saint-Eprit, et qu'il éveille en elle son Feu-d'Amour pour qu'elle tende vers elle une claire splendeur afin que la Volonté égoïste arrive à voir la hideur du dragon.

71. — Cette Volonté donne, par ses fausses convoitises de la chair tant d'humidité au Feu de l'Ame, qu'il est étouffé et ne peut arriver à se consumer dans l'amour divin.

72. — Si Dieu l'appelle par ses enfants régénérés et ses élèves, vers la pénitence et la conversion, si la présence du Seigneur lui est annoncée, elle s'excuse sur ce qu'elle a reçu une autre mission pour laquelle Dieu opérera ses merveilles.

73. — Les membres du corps, dit-elle, ne

sont pas un seul tout, ils sont capables d'une multitude de mouvements, et chacun accomplit sa fonction particulière.

74. — Elle se renferme en soi, et ferme à la voix divine les portes de l'âme, afin qu'elle ne soit pas entendue dans son repos et son régime physique.

75. — Qui va punir et convaincre ce dieu égoïste?

Il loge dans un bel animal, sous une forme humaine ; il semble pieux à l'extérieur, honorable et dévot, il va dans les églises, il communie, honore les maitres et les pauvres, se glorifie d'être chrétien et prédestiné à la béatitude, où il espère les grâces célestes.

76. — Il sait dissérter sur l'Ecriture aussi bien que des Maîtres ; il va souvent assez loin pour quitter l'Eglise extérieure, en juger le déclin et faire connaissance de véritables écoliers du Christ, dont il imite la vie cachée et le. langage; il se circoncit extérieurement

et s'éloigne de sa femme ou ne se marie pas; et il parle du lit nuptial et des noces de Sophia avec l'âme croyante.

77. — Ce n'est cependant qu'une bête s'élevant de l'Abime des Ténèbres; elle parle comme l'Agneau et n'est cependant que le Singe de la Sagesse divine qui se moque de ses enfants et de toute honnête créature.

78. — Il met sur son front le signe de Jésus et n'est qu'un menteur; le vrai chrétien, qui possède en vérité une volonté humble et équanime, qui se place dans le PROCÈS ESSENTIEL du Christ, en aime la pauvreté, seul signe et pierre de touche du disciple véritable, plus que tous les trésors de l'Egypte.

79. — Je sens très bien l'adversité diabolique dans mon égoïté créaturelle; elle se cache volontiers dans l'homme et n'aime pas à être étouffée; mais je laisse agir Celui qui règne.

80. — Car la Volonté propre s'aime telle-

ment, et rend l'homme si aveugle qu'il ne peut plus ni connaître l'amour divin, ni le distinguer de l'amour personnel; et il s'imagine, quand on touche son égoïsme d'un simple mot, que l'on s'attaque à la prunelle de Dieu, et il ébranlerait volontiers le feu du ciel pour anéantir l'audacieux.

81. — Mais ta Volonté propre n'est pas le prophète de Dieu, Elie, qui était soumis à l'Esprit de Dieu; c'est simplement une volonté du Diable qui s'est intronisée dans ta Lumière-de-Vie, comme dans un temple de Dieu, et qui règne sur tout ce qui est divin, se croyant Dieu elle-même.

82. — L'aveugle raison s'adresse en ces termes à la Volonté propre : Si tous les hommes marchaient sur les traces du Christ et le suivaient uniformément, le Monde ne pourrait plus subsister, parce qu'il n'y aurait plus de nourriture.

83. — Mais, chère raison, six cent mille

hommes sans compter les femmes et les enfants, sortirent d'Egypte ; cependant la nourriture ne leur manqua point. Les premiers chrétiens vendaient leurs champs et mettaient tout en communauté : et Jérusalem restait debout.

84. — Il sera dit à la Volonté propre qu'elle doit posséder comme si elle ne possédait pas; et si Dieu lui envoie des richesses, qu'elle ne les enferme pas dans ses coffres en disant : Ceci est mon bien et celui de mes enfants, je vivrai de cela, j'en ferai ce que je voudrai et je laisserai ces trésors à mes enfants.

85. — Mais elle doit dire : Seigneur, ceci est ton bien et celui de tes pauvres enfants; je te l'offre de nouveau, et elle devra laisser ramasser aux pauvres les miettes qui tombent de sa table; c'est ainsi que les pauvres pourront vaquer sans inquiétude et sérieusement au service spirituel de Dieu et à la prière, et faire venir des bénédictions sur la tête des charitables donateurs.

86. — Le Christ et ses enseignements ne sont en aucune façon la cause que les riches deviennent pauvres, que la nourriture manque, et que le monde s'ébranle; c'est toi, raison aveugle, qui est la seule cause du mal, en invertissant les clairs préceptes des leçons du Christ pour renforcer les désirs personnels.

87. — Tu dis que l'on pourrait servir deux maitres à la fois, amasser des trésors et poursuivre les voleurs, festoyer et critiquer les riches; que l'on ne doit rien donner au pauvre, afin qu'il ne soit pas affermi dans sa paresse ou sa PHANTAISIE; et tu combles le puits d'Abraham.

88. — Par là, la Volonté propre consolidée dans son égoïsme, tire à soi toutes les richesses de la terre, garde les siens, méprise les pauvres, et se comporte comme un paresseux,

89. — Qui paralyse les membres pauvres du Christ et le combat contre la colère de Dieu,

de sorte qu'ils sont obligés d'appeler Dieu à leur secours.

90. — Ainsi la justice de Dieu est souvent réveillée, elle te secrète un ennemi, change en malédiction ton apparente bénédiction, de sorte qu'il te faut entretenir des milliers de soldats, pour protéger ton Mammon, empêcher que l'ennemi ne tombe sur toi, ne te prenne tout, et te rende semblable à un de ces chrétiens pauvres.

91. — Que les riches de ce monde ne soient pas fiers, qu'ils ne mettent pas leur confiance dans les richesses incertaines, mais dans le Dieu vivant, qu'ils fassent du bien, des bonnes œuvres, qu'ils donnent volontiers, qu'ils soient secourables, ils ramasseront des trésors pour l'avenir, et recevront la vie éternelle. (*Paul*, 1, *Tim.* 6.)

92. — La bénédiction de Dieu, par sa munificence, enrichit sans travail : car Dieu aime

celui qui donne, et il rendra même un verre d'eau froide.

93. — Le Christ, en parlant de son jugement futur (*Matth.* 25) nous apprend aussi qu'il mettra les pauvres à sa droite et les riches à sa gauche, disant : J'ai été affamé, altéré, nu, malade et prisonnier, et ce que vous avez fait ou non à mes pauvres membres, vous me l'avez fait à moi-même, ou vous ne me l'avez pas fait; et il donnera à chacun récompense selon ses œuvres.

94. — A cela, la raison réplique : Si les riches devaient soutenir les pauvres, ils tomberaient eux-mêmes dans la misère et ne pourraient plus rien partager. A cela Tauler répond que si les riches allaient si haut, ils seraient dans la pauvreté du Christ qui s'occuperait d'eux et pourvoirait à leurs besoins.

95. — Mais je réponds à cela que la raison est aveugle et ne connaît pas la pauvreté du Christ ni ne la distingue de la pauvreté du

monde. Car les pauvres du Christ sont les chrétiens fidèles qui ne sont pauvres que par amour de leur Maître, et qui estiment cette pauvreté plus que tous les trésors du monde.

96. — Et lorsque même tu voudrais donner à un chrétien fidèle tous les joyaux de ton Mammon, il ne les accepterait pas, parce qu'il vit dans une abnégation complète de tous les biens terrestres, qu'il est un pauvre bienheureux, riche en divinité, ce qu'un pauvre temporel ne sera pas.

97. — Un croyant ne se rend pas pauvre lui-même, mais le monde le poursuit, lui prend tout, l'expatrie, et le met ainsi dans la véritable pauvreté de Jésus, de sorte qu'il ne peut ni acheter ni vendre en ce monde.

98. — Ainsi opprimé, quoique joyeusement et librement, il devient un disciple du Christ, et cherche le royaume de Dieu, dans la ferme confiance et Dieu l'habillera et lui donnera sa nourriture. »

99. — Il faut qu'il se garde dans cette foi, sans retour jusqu'à la fin, sans quoi la confiance lui sera retirée, il devra mendier et devenir esclave du monde et de son ventre.

100. — Si Dieu ne s'occupait pas de tels enfants et de si fidèles hôtes, il serait plus méchant qu'un païen et qu'une bête sauvage qui nourrit ses petits.

101. — Un pauvre temporel incrédule, qui, par malheur, est tombé dans la misère, ne s'occupe que du pain matériel, et quand il l'a, il est content et s'estime heureux, mais il ne connait rien de Dieu.

102. — Un croyant garde les commandements de Dieu et ne convoite point le bien de son voisin riche, ni ne lui demande secours; et s'il le fait, selon la raison, il n'en tirera rien.

103. — Car Dieu veut avoir seul l'honneur de secourir ceux qui le prient; il portera un

Habacuc par les cheveux dans la fosse aux lions de Daniel, ou il enverra un homme doux et angélique qui pourvoira à la pauvreté christique.

104. — Un pauvre temporel incrédule court après les riches et les excède; car il n'a rien à espérer des pauvres, et les riches ne donnent pas volontiers, parce qu'ils peuvent enrichir les pauvres.

105. — Un chrétien croyant écarte toute confiance en les hommes, même en lui, car Dieu l'a défendu : un pauvre temporel incrédule n'a pas d'autre Dieu ni d'aide que les riches de ce monde.

106. — Un pauvre chrétien fidèle est un prêtre consacré de Dieu et du Temple du Saint-Esprit où habite le Seigneur : son travail est de prier sans cesse en Esprit et en Vérité, aussi bien pour le pays qu'il habite que pour tous les hommes, afin qu'ils soient amenés à la vérité par la descente du Saint-Esprit.

107. — Il doit aider ses frères à lutter, à combattre et à triompher ; il lui est impossible de servir deux maitres à la fois et de mettre ses sens dans la nourriture, car il est inapte à toutes les œuvres extérieures.

108. — C'est pourquoi il doit se garder et vivre avec modération, donner une attention soutenue aux mouvements du Saint-Esprit dans son cœur, afin d'entendre ce que le Seigneur lui dit ; mais un pauvre temporel ne s'occupe que des choses de ce monde.

109. — Où sont de tels chrétiens, demande la raison ? J'en verrais un bien volontiers. Je reconnais qu'ils sont très clair-semés dans notre temps, et qu'on peut facilement les compter.

110. — Il n'aurait pas été nécessaire, pauvre raisonneur, que tu exhortasses tes riches auditeurs et partisans à fermer leurs coffres et leurs mains, et à laisser affamé tout ce petit nombre.

111. — J'espère aussi que Dieu ne comptera

pas ton aveuglement, dont tu as songé à te débarrasser; car tu nous a été utile, tu as excité le feu de nos prières et exercé notre foi, notre amour, notre espérance et notre patience.

112. — Si tu veux voir ces chrétiens fidèles, bois le calice que nous avons bu, sois baptisé de l'onction que nous avons reçue. Extérieurement, nous sommes misérables et pécheurs, comme tout le monde; mais l'homme intérieur est caché en Dieu et demeure occulte à tout entendement.

113. — Je m'étais proposé de ne plus faire la connaissance d'aucun homme, parce que je craignais la raison qui est aujourd'hui la reine du monde et qui veut tout gouverner, et que je pressentais de forts combats venir par les relations.

114. — Mais je me suis incliné devant l'Esprit de Dieu qui a dirigé ma vie et mes traverses contre ma volonté et qui s'est révélé à moi dans ma prière comme un bon ami.

115. — J'ai à remercier le Très-Haut qui a arraché ma vie à la vengeance de la mort et des enfers et à ma haine de tous les hommes, et qui dans ce combat acharné contre Dieu et les hommes, ne m'a pas laissé succomber.

116. — Seulement, il est triste que sur trente, il n'y en ait eu qu'un qui soit resté ferme, qui ait placé sa foi en Jésus et qui puisse seul célébrer la toute puissance de l'amour de Dieu.

117. — La raison dit : Puisque vous célébrez une si haute vie apostolique, pourquoi n'allez-vous pas par le monde prêcher l'Évangile, au lieu de rester dans la retraite ?

118. — Oui, chère raison, tu as bien dit. Tu serais la première, si nous te prêchions et si nous te disions : laisse ta maison et suis-nous, qui s'y refuserait ?

119. — Nous n'avons pas d'ordre pour sortir ; nous sommes appelés, et nous devons rester

dans la Volonté du Créateur pour accomplir ce qui lui plaît, comme son INSTRUMENT.

120. — L'autorité propre, quoique sincère, ne sert à rien et n'agit que contre la volonté divine. Une volonté détachée et paisible est plus utile et agréable à Dieu qu'une volonté agissant par elle même.

121. — Nous ne voulons rien, que ce que Dieu veut ; nous laissons la raison dire de nous ce qui lui plaît, car nous savons qu'elle est aveugle dans les choses divines.

122. — Nous savons que Dieu est bon, que tout ce qu'Il a fait est bien, et que, par suite, Il ne peut excuser en aucune manière notre perversité et cette Volonté que nous avons rendue égoïste et qu'Il nous avait insufflée libre et divine ;

123. — Qui est maintenant diabolique, que l'Esprit a comparé par la plume de Daniel et de Jean, à des animaux féroces, à des dragons

horribles, à des serpents venimeux; elle n'est certainement pas issue de la haine, de l'envie ou de l'amertume.

124. — Mais elle est sortie d'un amour cordial, afin que les pauvres enfants d'Eve puissent un jour apprendre à se connaître, concevoir de la haine, du dégoût et de l'horreur pour eux-mêmes, et revenir avec le fils prodigue à la maison de notre Père céleste.

125. — Bien que l'on s'élève dans l'amour de Dieu, et que l'on désire voir dans le Ciel toutes les âmes damnées avec le diable, — ce à quoi je ne m'oppose point, — une telle chose n'est ni dans la toute-puissance de Dieu, ni dans notre volonté, mais dans celle de ces âmes et de ces diables, lorsqu'ils auront conçu un désir d'humilité et qu'ils tendront à être délivrés du fond de la Colère.

126. — Cependant je crois qu'il n'y a pas de changement possible à ce qui est éternel. Je ne parle pas de ceux qui sont suspendus au fil et

qui passent par le Feu MAGIQUE de la Colère au prix de douleurs inexprimables ;

127. — Mais de ceux pour qui aucune intercession n'aura d'effet et qui n'ont à espérer aucun adoucissement : Ils nieront, maudiront et fuiront Dieu. Sa Volonté n'aura pas de place dans les jugements de Dieu; c'est pourquoi il faut se mettre en paix avec Lui, car Il est juste et véritable.

128. — Et quoique selon *I Pierre*, 3, v. 19, on veuille bien espérer quelque soulagement pour les enfers, parce que le Christ a prêché aux esprits prisonniers; je reconnais avoir été en esprit dans cette prison entre le Temps et l'Eternité et dans l'Enfer des diables, mais j'ai trouvé aux deux de grandes différences :

129. — Car dans la prison entre le Temps et l'Eternité, il n'y a pas d'angoisse, ni ténèbres, ni lumières, mais un crépuscule. Dans un Enfer, il y a de terribles tourments qui forcent aussitôt l'âme au doute et à la négation de Dieu.

130. — Car mon séjour dans ce lieu ne dura que six heures, et si Dieu ne m'avait retenu la langue, je l'aurais renié pour toujours.

131. — Je ne dois pas cacher non plus comment Dieu, à l'agonie de grands pécheurs, à laquelle j'ai assisté, me fit voir que le Christ suit l'âme jusqu'à sa séparation d'avec le corps.

132. — Et quand l'âme arrive à la limite de la huitième forme ignée, où se tient Moïse avec sa loi, et que le Diable lit à l'âme le registre de ses péchés, le Christ est le médiateur et l'intercesseur de l'âme, afin qu'elle reçoive encore un regard de la grâce et qu'elle conserve une lueur d'espérance.

133. — Mais je ne conseille pour cela à personne de pécher, car là où la Colère de Dieu est trop excitée, elle brûle inexorablement, comme on en voit la semblance dans le feu naturel; plus on lui donne de bois et d'huile, mieux il brûle; ainsi que chacun se tienne pour averti.

134. — Si l'on remarque combien toutes les religions du monde ont aiguisé le mental, lui frayant un chemin agréable jusqu'au Paradis pour l'amener dans la splendeur divine sans être mort à lui-même et sans avoir suivi le Christ, on voit le combat des trois PRINCIPES pour obtenir le gouvernement de l'âme,

135. — D'où résultent l'aveuglement et le grand égoïsme de l'homme naturel, qui croit que ses opinions et ses théories sont celles de Dieu, et il les suit au lieu d'écouter les paroles et les ordres d'En Haut.

136. — Je ne parle pas ici des païens qui n'ont jamais entendu parler du Christ : on pense ainsi aujourd'hui chez les Chrétiens ; chacun vit, meurt et raisonne suivant ses idées et croit arriver au ciel sans la régénération, ni la mort de son moi, comme ses aveugles maîtres le lui ont appris.

137. — Par pitié pour notre misère, Dieu nous a fait la grâce de nous dévoiler, par un

laïque simple et ignorant, Jacob Bœhme, l'abîme profond des TROIS PRINCIPES, l'arbre de la connaissance du Bien et du Mal et les chûtes de LUCIFER et d'Adam qui en résultèrent.

138. — Ces notions ont enflammé beaucoup d'âmes qui ont fouillé pour y trouver la petite perle; et les uns et les autres l'ont trouvée ici ou là, ce qui les a voués à l'amour et à la prière.

139. — Ces écrits tombèrent entre mes mains pour la première fois, quelques années après mon éveil; ils me furent d'une très grande utilité dans mon premier combat.

140. — On peut s'émerveiller de ce que le zèle de la primitive Eglise se soit si vite évanoui et que l'on soit retombé du rejet des biens terrestres à une acceptation égoïste.

141. — Je ne pourrai jamais assez remercier mon Dieu de m'avoir conduit, moi, le plus indigne, dans la pauvreté même du Christ, et

qui m'en a ouvert la retraite par la PRATIQUE, bien qu'elle soit méprisée des hommes par défaut d'un amour ardent pour le Christ Jésus.

142. — Nous devons lui être soumis et lui obéir comme à notre chef, notre roi, notre éternel fiancé; et nous devons l'aimer par dessus tout; car où il n'y a pas d'uniformité, il ne peut y avoir d'unité et d'HARMONIE.

143. — Nous savons par l'Écriture, comment, par les lumières de la Nature, Adam détourna sa libre volonté de son Créateur vers l'Esprit de ce monde, et en convoita les trésors et la splendeur, nous inculquant une pareille envie et nous rendant esclaves du Monde et enfants des ténèbres.

144. — Nous récoltons notre pain à la sueur de notre front, et passons notre vie dans les fatigues, l'angoisse, le besoin, la douleur, jusqu'à ce qu'enfin nous quittions tout pour aller dans l'éternelle obscurité et devenir des enfants de l'Enfer.

145. — Retournons donc et appelons Jésus qui est descendu de chez son Père céleste pour nous aider, pour abstraire notre volonté créaturelle de tout désir terrestre et la tourner vers son Père, — et soyons-lui soumis jusqu'à la mort de la Croix.

146. — Il nous a appris que si nous voulions être ses DISCIPLES, nous devions renoncer à tous les désirs terrestres, prendre notre croix et le suivre : et cette instruction est adressée non seulement aux Apôtres, mais à tous les chrétiens.

147. — Les premiers chrétiens PRATIQUÈRENT ce commandement et témoignèrent ainsi qu'ils aimaient le Christ et qu'ils gardaient Sa loi.

148. — De là découle tout Son enseignement : « Bienheureux les pauvres d'esprit, car le royaume des cieux leur appartient. » « Personne ne peut servir deux maîtres à la fois. Voyez les oiseaux du Ciel : ils ne sèment ni ne récoltent point, votre Père céleste les nourrit cependant. »

149. — « Cherchez en premier lieu le royaume de Dieu et sa justice, tout le reste vous sera donné par surcroit. Ne prenez point d'inquiétude, le Père a soin de vous. Cherchez des trésors qui demeurent éternellement, etc. »

150. — Cette vie selon la foi est rare aujourd'hui, je le reconnais volontiers; il est vrai que nous sommes semblables à des païens incrédules ; cependant notre incrédulité ne dépasse pas la *foi* en Dieu.

151. — C'est pourquoi je craignais d'être connu des hommes parce que je voyais bien que la pauvreté christique renverserait sur le sol toute vie mondaine, et provoquerait des combats et des contradictions violentes, comme si chacun eut voulu se précipiter contre cette pierre angulaire, disant : Qui peut vivre de la sorte ?

152. — Ils jugeaient la pauvreté christique et ses pratiquants comme les sophistes les plus dangereux que le monde ait jamais porté,

sérieusement dommageables aux Républiques les mieux établies ; la cloche était bien fondue, mais le battant faisait défaut.

153. — Cette tempête ne nous exerça pas peu, et elle nous porta à la prière parce que le Diable avait cru pouvoir faire de nous des vaincus.

154. — La raison peut torturer l'Ecriture et en tirer de fausses interprétations ; la vie et les leçons du Christ restent cependant tout-à-fait opposées à la Vie naturelle adamique ; et celui qui possède quelque chose en sa volonté ne peut pas être un vrai chrétien régénéré.

155. — Car dans la possession niche l'égoïsme qui a séduit Adam. Il doit être complètement renié, ou bien elle sera jetée dans les Enfers, à qui elle appartient. Le Christ vécut d'aumônes sur la terre, et n'eut rien à lui, pas même de quoi reposer sa tête.

156. — Mais, réplique la raison : si tous les

hommes étaient de tels pauvres, qui les soutiendrait? Écoute, raison, l'enseignement du Christ, ne chasse pas l'injuste Mammon et ne dépasse pas l'usage modéré.

157. — Le Christ appelle les riches Maîtres de maison et Il leur a commandé de donner en temps utile et selon leurs besoins à Ses pauvres serviteurs ; ces derniers ne demandent pas plus.

158. — Et celui qui dit : ceci est mon bien et ma propriété, vole Dieu, et lui devra rendre ses comptes. Dieu a tout créé pour un usage commun et non pour la superbe et le comfort.

159. — Et ces riches qui ont enfermé dans leurs coffres les richesses de Dieu, qui n'ont pas aidé les pauvres chrétiens au temps propice, entendront avec terreur ces paroles : Eloignez-vous de moi, maudits, allez au feu éternel, qui est préparé pour vous et pour tous les diables.

160. — Aussi longtemps qu'un fidèle possède en propre, il ne peut se confier à Dieu

de tout son cœur, il ne peut percer jusqu'à la foi ferme et vivante, ni être libéré du régime de l'Esprit de ce Monde ; ceci semble aux riches un PARADOXE, mais les pauvres croyants le comprennent très bien.

161. — La pauvreté christique est la consolidation de la Sagesse céleste et le vêtement dont elle s'enveloppe. Quiconque veut aller à elle, doit d'abord devenir pauvre. Cette pauvreté est le trésor caché de toutes les richesses, les puissances, les connaissances et les MYSTÈRES de Dieu. Un fou la méprise, mais un sage la tient en haute estime ; tout le Mammon terrestre n'est que de la boue en face d'elle.

162. — Je parle sans orgueil, et dans la vérité ; le Seigneur est mon témoin : Si les biens du monde entier devaient m'être offerts en échange de la pauvreté du Christ, je ne les voudrais pas. Elle garde de la distraction et de la vanité, et c'est un Feu divin qui éveille et excite sans cesse à l'amour et à la prière.

163. — Dieu est si intimement lié à Ses pauvres qu'Il ne peut les quitter : les anges, les hommes et les corbeaux doivent les servir. Dieu ne les laisse pas mendier, comme l'Esprit du Monde fait à ses pauvres infidèles, qu'il repousse souvent comme des chiens.

164. — Dieu éveille toujours des cœurs bienfaisants qui s'occupent des fidèles. On ne peut pas connaître les Pauvres selon le Christ, parce qu'extérieurement ils paraissent riches, et restent ainsi couverts devant toute raison.

165. — Les hommes rougissent de la pauvreté du Christ et la considèrent comme une honte; mais le Seigneur rougira aussi d'eux devant son Père céleste.

166. — Je n'ai jamais demandé d'argent à aucun riche ni ne me suis jamais prosterné devant Mammon; mais j'ai librement témoigné de la Vérité, j'ai stigmatisé l'Injuste, et j'ai été aimé des riches plus que je ne le méritais.

167. — Lorsque je vivais dans le Monde,

que je servais son ESPRIT, j'étais obligé de faire ce qu'il voulait ; mais lorsque la grâce de Dieu m'eut saisi par dedans et que j'eus été réprimandé et puni de vie selon le monde, il m'a ôté ma nourriture, m'a tout pris et n'a pas laissé une chemise, pensant me fouler aux pieds.

168. — Il a perdu par cela même son autorité ; car j'ai servi la sainte volonté de Dieu, j'ai supporté ma peine ; et lorsqu'il vit sa défaite il m'a pressé vivement et m'a excédé outre mesure, mais, par la grâce de Dieu, n'a pas pu m'enmener dans son ciel de VÉNUS.

169. — Il s'en est violemment irrité et a tendu toutes ses forces pour affamer la pauvreté du Christ. Mais Dieu l'a sagement déjoué. — Qu'à Lui en soit éternellement la gloire, l'honneur, la louange et le remerciement, — la puissance, le royaume, la force et l'autorité. Amen !

L'Homme Regenere
Dans sa
Naissance
Interne,
Selon le Cœur,
Par le CHrist,
qui a entierement
écrasé le Serpent

CHAPITRE TROISIÈME

AVANT-PROPOS

1. — Dans la FIGURE ci-contre, qui est la seconde de notre Auteur, apparaît le résultat auquel arrive le fidèle à travers les Formes de la Nature extérieure (qui comprennent le monde ténébreux, trois premières formes éternelles du CENTRE DE LA NATURE) jusqu'au POINT médian, dans le cœur.

2. — Jésus se lève dans le cœur, la matrice obscure éclate, et en notre cœur s'étend son royaume ; le commencement et l'avenir de Celui qui est désigné par Dieu comme le vainqueur du serpent, se développent à l'infini, en nous, avec la genèse sainte de la Lumière ; il écrase sans cesse la tête du Satan, de l'antique serpent et jette dans l'Abîme la bête venimeuse.

3. — Un nouveau monde se lève dans la volonté, l'enfant prodigue, l'âme, revient vers son Père ; il est accepté dans le cœur de Dieu, dans cette TEINTURE de lumière intérieure et divine, et Jésus l'habille d'un nouveau vêtement, l'innocence, (*Luc.* 15 : 22)

4. — Que Satan lui envie, comme il fit à nos premiers parents ; et il allume l'âme intérieurement et extérieurement dans les Formes de la Nature ténébreuse ; il l'é-

prouve aussi dans la Forme du Feu ; ce à quoi elle doit résister par une foi inébranlable.

5. — C'est un combat très long ; l'Amour et la Colère l'aiguillonnent réciproquement, et la Colère doit manifester l'Amour, en le menant par les dix formes du Feu vital intérieur pour que l'on voie que l'Amour est Dieu et tout puissant, que la Colère n'est que la Nature, qui doit rendre sa force à l'Amour afin que les deux ne fassent qu'une ESSENCE et qu'un Etre.

6. — Ainsi la Divinité s'élève dans l'Esprit ; le Père et le Fils s'embrassent dans l'humanité régénérée : le Père abandonne au Fils l'humanité, et celle-ci épouse Jésus dans la Vierge de sa sagesse ; Satan tombe comme un éclair du Ciel sur la Terre, il est rejeté, et nous le vainquons facilement en toute circonstance.

DE L'HOMME RÉGÉNÉRÉ

1. — Le lecteur bénévole doit savoir que je ne parle pas d'après des livres ou mon propre raisonnement ; mais d'après mon expérience ; et j'éprouve ici de grandes difficultés à écrire parce que l'homme dont je vais parler est spiri-

tuel et très-occulte; il ne peut être décrit par des FIGURES naturelles, ni par une langue terrestre.

2. — Il faut que je me serve de similitudes naturelles. Ainsi le bienveillant lecteur devra méditer par lui-même jusqu'à ce qu'il ait atteint l'intelligence.

3. — Et comme il pourrait par là désirer se reconnaître lui-même et se contempler dans la lumière de la sagesse divine, qu'il s'intériorise avec une ardente application, dans le CENTRE le plus profond de son âme, qu'il prie sans cesse, qu'il appelle l'Esprit Saint, et qu'il s'abandonne entièrement à Lui avec tout ce qu'il possède, en corps, en âme et en esprit; prenant la résolution la plus ferme de ne pas faiblir dans la pauvreté, le besoin, la douleur ou la mort, mais de suivre Dieu jusqu'à la fin, avec la même fermeté, comme je l'ai fait moi-même.

4. — Ainsi, je ne doute pas que Dieu n'é-

coute sa prière au nom de Jésus, et qu'Il ne lui donne ce que son cœur Lui a demandé.

5. — Le nouveau corps est aussi différent de l'ancien que le soleil resplendissant de la terre obscure ; et quoiqu'il se tienne dans le vieux corps, il lui est inconcevable, bien que parfois sensible.

6. — Il ne peut être proprement représenté que par des images de soleils ou d'étoiles ; et il est aussi impossible de le regarder que notre œil physique ne peut fixer le soleil de midi.

7. — Et si l'on opposait à ceci l'apparition du Christ après sa résurrection, il faudrait remarquer qu'Il n'était pas encore transfiguré.

8. — L'histoire de Paul à Damas nous montre comment il fut aveuglé par l'éclat du corps du Christ. Ceci pour taire ma propre expérience.

9. — Comme la lumière du soleil se comporte à l'égard des étoiles, ainsi font nos corps

nouveaux à l'égard de celui du Christ : Il est le soleil, nous sommes ses étoiles, une même chair, un même être; plus nous imitons ses souffrances et sa vie, plus nous sommes brillants et lumineux.

10. — Je ne puis comparer les forces de ce corps qu'avec les couleurs des joyaux les plus éclatants : diamants, rubis, hyacinthes, jaspes, etc.,

11. — Qui par le croisement de leurs feux multicolores offrent un spectacle magnifique, qui éblouit les anges eux-mêmes et que la langue ne saurait exprimer : car nous n'avons que des analogies terrestres qui ne sont que l'ombre des célestes réalités.

12. — Ah ! que les hommes sont fous de mépriser cette magnificence éternelle pour une poignée de plaisirs charnels passagers.

13. — Ce corps est issu du Verbe de Dieu, ou de la céleste Sophia, qui apparait sortant du feu sacré intérieur de l'Amour et que le désir

ou la foi rend présente ou concevable. Et tout ceci est spirituel, plus SUBTIL que l'air, semblable aux rayons du soleil qui pénètrent tous les CORPS.

14. — Cette céleste Présence de la nouvelle vie spirituelle attire l'âme par son puissant désir, dans son ESSENCE ignée, comme le Fiancé appelle sa fiancée, et émane dans le monde de la Lumière une haute luisance TRIOMPHANTE, claire et blanche, du plus profond de l'âme.

15. — Alors, l'Esprit saint, sort vers la Sagesse éternelle, et aide la vie extérieure à produire, à former et à parfaire son pain terrestre et ce dont elle a besoin.

16. — Et ceci est la sainte et éternelle génération des trois PRINCIPES, le Père, le Fils, l'Esprit et la Sagesse, dans l'homme régénéré ; et ce n'est pas seulement du pain que je veux dire, comme tu le penses, pauvre raison aveugle ; tu ne saisiras jamais ce profond MYSTÈRE parce tu n'es pas digne de le comprendre.

17. — Car tu ne recherches que ce monde, tu ne penses qu'à remplir tes coffres et à léguer ton superflu à tes enfants. Il vaudrait beaucoup mieux que tu t'efforçasses à les rendre pieux.

18. — Les riches pieux sont également aveugles et punissables quoiqu'ils aient de bonnes notions : en aidant leurs amis charnels, ils les affermissent dans leur méchanceté et dans leur paresse et fortifient sciemment en eux le démon de l'Egoïsme.

19. — Qu'ils n'attendent donc ni louange, ni remerciment de ces amis incrédules ou de Dieu ;

20. — Car l'homme ne sera pas jugé selon son avis, mais selon la SCIENCE que Dieu lui aura donnée, ainsi que le Seigneur le déclare lui-même. (*Luc* XII, 47 ; *Jac.* 4 ; 17).

21. — J'espère que cet avertissement fraternel et cordial ne sera pas pris en mauvaise part : car nous devons laisser luire notre lumière, sans considérer celui qu'elle éclaire et sur qui elle prononce son jugement.

22. — Certainement une volonté foncièrement résignée, où Dieu peut vouloir, former et créer ce qui Lui plait, Lui est très chère, et Il se manifeste amicalement à elle, mais il hait une volonté propre, quand même elle ferait beaucoup de bonnes œuvres; car elle agirait sans l'Unité.

23. — Le lecteur éclairé et expérimenté n'a pas besoin de notre écrit; car il possède en lui son instructeur et son conducteur; et ce n'est pas pour lui que nous écrivons.

24. — Mais nous devons éclairer de notre lumière l'âme inexpérimentée et inexercée, et lui dire ce que c'est que la Régénération : quel PROCÈS se déroule entre Dieu et le nouvel Adam et comment le nouvel homme doit passer d'un degré à l'autre jusqu'à ce que son corps nouveau ait atteint son complet développement.

25. — Remarquons bien que nous ne recevons pas une nouvelle âme par la Régénération, mais bien un nouveau corps; qu'ainsi l'âme n'a

pas besoin d'un nouvel accouchement, mais simplement d'un renouvellement et d'une conversion de l'extérieur en intérieur, afin qu'il y ait RÉNOVATION par la pure divinité.

26. — La vieille carcasse est et demeure fragile ; et donne par sa faim perpétuelle autant de tracas que le fumier déposé sur un champ pour y faire croitre le blé.

27. — Elle épuise toutes les munitions de l'âme, lui donne la pauvreté, l'angoisse, la peine et le chagrin, de sorte qu'elle ne peut plus trouver ni joie, ni repos dans la vie amicale extérieure, elle devient triste et s'afflige sur les fatigues de la vie terrestre et sur la variété des choses et commence à penser à la maison de son Père.

28. — Et si ce porteur d'angoisse n'était pas là, les merveilles de la sagesse de Dieu ne se verraient pas et les prières des fidèles ne pourraient s'élever avec ardeur et ferveur.

29. — A ces fins, le Christ conduit ses dis-

ciples dans sa sainte pauvreté, les fait dépouiller, bannir et persécuter et ne leur laisse pas de quoi reposer leur tête ; afin qu'ils placent leur confiance en Dieu, qu'ils croient à la promesse qu'ils ont reçue que le Père veille sur eux.

30. — La pauvreté et le besoin apprennent à appeler, à crier et à prier Dieu pour l'affermissement de la foi ; c'est ce que les disciples du Christ comprennent au mieux.

31. — Bien que les riches n'y croient point, ceci est cependant la vérité, et elle se prouverait par elle-même si seulement ils étaient privés de vivres pendant un jour : l'incrédulité, le doute, l'inquiétude, l'angoisse, le chagrin prendraient possession de leur âme et ils crieraient : « Où trouver du pain dans ce désert? » comme dit Moïse (*Num.* XI, 13).

32. — Nous autres pauvres hommes nous ne savons combien nous sommes profondément enfouis dans le *spiritus mundi*, et dans quelle impiété nous vivons ; nous nous imaginons

souvent avoir une foi forte, et nous n'avons pas confiance en Dieu pour un morceau de pain : nous craignons d'avoir à aimer Dieu, et d'apprendre la confiance, tandis que nous devrions le craindre par dessus tout.

33. — J'ai assez reconnu ma faiblesse et senti les palpitations de mon cœur, jusqu'à ce que, par de multiples exercices, le petit arbrisseau de ma foi se soit développé en un arbre robuste, pouvant résister à toutes les tempêtes du Diable et de la Raison.

34. — Quand l'âme se convertit dans le corps, elle tourne le dos à la lumière du Soleil, et élève sa face vers Dieu dans la Lumière intérieure du Monde ; elle reçoit aussitôt de nouveaux sens, bien qu'elle soit encore engagée dans les ténèbres.

35. — Elle reconnait d'abord son égarement, sa fuite de la maison paternelle, et les excès de sa vie amoureuse avec des courtisanes ; elle tombe à genoux, s'humilie devant son Père

céleste qui habite dans la Lumière secrète, et veut prier en esprit ; elle ne le peut pas encore, parce qu'elle ne sait prier qu'avec les livres et ne comprend pas la vraie prière en esprit et en vérité.

36. — Le saint Esprit lui est envoyé dans un mouvement sensible du cœur, comme l'indique la colombe dans cette FIGURE ; ce mouvement parait étrange à l'âme parce qu'elle ne connait pas encore Dieu, elle s'en étonne et s'en préoccupe.

37. — Le Diable, remarquant tout ceci, se glisse en hâte dans le tempérament, et cherche à mettre le doute dans l'âme, par de fausses suggestions ; c'est ainsi qu'à cette période de ma vie, le Diable voulait me faire croire que c'était lui qui me possédait.

38. — Mon âme s'effraya, et ayant cessé ma prière, je pris le Nouveau Testament pour y trouver quelque lecture propre à chasser ces mauvaises pensées,

39, — Et l'ayant ouvert, les paroles de Paul (1 *Cor.* 6 ; 19), me tombèrent sous les yeux : « Ne savez-vous pas que votre corps est le temple du Saint-Esprit, qui est en vous, que vous avez reçu de Dieu et qui n'est pas de vous. »

40. — Ces paroles me causèrent la plus profonde admiration parce que j'avais, depuis ma jeunesse, cherché Dieu hors de moi, ayant maintes fois passé le jour dans la campagne, ou m'étant caché dans une excavation, contemplant le ciel et désirant parler à Dieu, comme Moïse, David et d'autres hommes de Dieu.

41. — Mais aucun Dieu n'avait voulu m'apparaître, et je rentrais à la maison fort chagrin ; ou bien je prenais mon livre de prières, j'ouvrais la fenêtre ou je me mettais en plein air, afin que les formules puissent monter librement au Ciel : et je demeurai aveugle vingt-six ans.

42. — Ayant aussitôt fermé mon Nouveau Testament, je tombai à genoux pour remercier

Dieu de cette grâce, qui coulait avec tant d'abondance que cinq heures passèrent à la recevoir et que je m'étonnai moi-même de la richesse de cette bénédiction.

43. — Je liai aussitôt mon cœur au Christ et m'abandonnai entièrement à lui de corps, d'âme et d'esprit, consentant à porter toutes les croix qu'Il m'enverrait, à la condition qu'Il ne me laisserait pas seul parce que j'étais comme un petit enfant, incapable de distinguer sa droite de sa gauche.

44. — Mon cher Sauveur accepta aimablement ma prière et m'abreuva d'une coupe entière, douce à la bouche mais fort amère au corps.

45. — Il ne m'a jamais laissé seul ; il m'a fidèlement sauvé dans toutes les épreuves, les maladies, la pauvreté, les poursuites et les chagrins. Qu'Il en reçoive l'honneur, la louange et le remerciment pour l'éternité.

46. — Je fus peu à peu illuminé de la con-

naissance divine, et porté à punir ma vie déréglée, à me montrer aux prêtres, qui sonnèrent le tocsin et me dénoncèrent à l'autorité comme un enthousiaste, un lunatique, un hérétique et un anabaptiste.

47. — Ils me prodiguèrent les railleries, les outrages et la honte; me faisant trainer dans les rues par les sergents, et voulant me faire décapiter; mais, comme ils ne purent se mettre d'accord, il abandonnèrent tout à la fois, et me bannirent de la ville à perpétuité.

48. — Lorsque j'étais enfermé dans un cachot infect, le Diable essaya son premier assaut, et me TENTA par des doutes si terribles que je fus sur le point de prendre mon couteau pour délivrer de cette douleur ma misérable vie.

49. — Ce combat fut si acharné et si violent que la peau de mes genonx fut arrachée en me trainant sur le sol, sans que je m'en aperçusse à cause de mon angoisse intérieure; car le Diable mettait le doute dans toutes mes prières.

50. — Ayant passé dans ce déchirement tout le milieu du jour, je chantai ce psaume luthérien : « Si Dieu n'était avec nous, etc. », je fus soudainement frappé dans l'esprit, et je tombai par terre.

51. — Je vis dans mon cœur une lumière blanche, autour du cœur un gros serpent, entortillé trois fois sur lui-même comme une tresse ; au milieu dans une clarté, apparut le Christ dans la forme décrite par Jean (*Apoc.* 1, 13, 14, 15).

52. — Il dit avec un grand soupir : « Si la Grâce n'était pas ma consolation, ô Dieu, j'expirerais de douleur ! »

53. — A peine ces mots furent-ils prononcés que, comme par un choc formidable, le serpent fut écrasé et réduit en menus morceaux que je vis tomber dans les vapeurs obscures.

54. — Je revins alors à moi et sentis un allégement remarquable et une consolidation dans

ma prière ; ainsi que cela est dessiné dans cette FIGURE.

55. — Cette expulsion de la maison de servitude égyptienne n'est que le premier pas dans le désert de l'épreuve pour la raison incrédule, qui ne se contente pas de la pauvreté du Christ ; elle a honte de mendier, et regrette les viandes, les aulx et les oignons d'Egypte ; alors le Diable éveille l'incrédulité, la méfiance et le doute.

56. — La foi qui n'est encore dans le cœur que comme un petit grain de senevé ne peut pas beaucoup contre cette tempête ; alors viennent les grondements et les murmures, et l'âme soupire avec force.

57. — Mais Dieu envoie d'admirables auxiliaires si l'homme veut bien prier ; je l'ai moi-même éprouvé, bien que le détail en soit trop long à dire.

58. — Je mettrai cependant le lecteur en garde contre deux tentations difficiles, qui en ont fait tomber beaucoup sous mes yeux.

59. — La première consiste en ceci : Quand l'âme est expulsée de la maison de servitude par l'Esprit de ce monde, et qu'elle est placée dans la pauvreté christique pour travailler aux vignes du Seigneur, assouvir sa faim terrestre avec les promesses divines, imaginer, former et créer avec l'aide de son fidèle auxiliaire et fiancé, Jésus, par la prière, la foi et la supplication, la satisfaction de ses besoins dans le ciel intérieur, afin que la même chose arrive sur la terre et lui soit envoyé par des cœurs pieux et bienfaisants :

60. — Alors, elle revient vers l'Egypte par la raison terrestre, et accepte, saisit et s'assimile ce qu'elle reçoit dans le CASUEL comme un envoi divin et non comme une épreuve diabolique ; elle ne prie pas avec application, au lieu de craindre le tentateur et de se tenir exactement dans le sentier du Christ.

61. — Ainsi beaucoup d'âmes vaillantes ont été trompées qui ensuite ont pleuré et se sont

plaint amèrement : « Ah ! si je ne m'étais pas fié à cela ! Hélas ! si j'avais été fidèle ! » mais le mal est fait, et il n'y a plus rien à changer.

62. — Car la Vierge céleste s'enferme alors dans son CENTRE et laisse l'âme frapper et attendre en vain.

63. — Et bien que l'entendement ait reçu un rayon de la lumière divine, de sorte qu'il conçoit les MYSTÈRES et que sa bouche peut en discourir, la puissance imaginative, formative et plastique est partie ; et il ne reste qu'un tonneau vide.

64. — Le Diable appète aussi vers l'amour de Dieu ; mais prends garde qu'il ne t'engloutisse et qu'il ne prenne possession de ta maison, car il en a grande envie.

65. — Et lorsqu'il rentre quelque part, il prend avec lui sept esprits, plus méchants que lui, et il lie ton âme et ton tempérament dans les sept formes de la Nature, de sorte qu'après

tu ne t'en tireras pas facilement. Conserve donc ce que tu as.

66. — L'autre tentation est encore plus difficile et plus corruptrice : Quand l'âme, allumée du feu divin brûle avec une flamme claire et produit une belle lumière, où la Vierge céleste se lève triomphante dans le tempérament, et baise son cher fiancé de ses doux rayons de lumière dans l'âme ignée, lorsqu'elle lui transmet toutes ses forces pour manifester et réaliser les merveilles de Dieu par le puissant désir de la prière, elle se rend présente et apparaît dans le Ciel chantant un hymne de louanges :

67. — L'âme sort de l'humilité et de l'équanimité pour rentrer alors dans l'amour-propre, pensant que c'est son propre Feu qui peut évertuer et produire ces miracles par la Magie ignée et sa prière propre : elle s'élance bien haut au-dessus des Trônes, veut être quelque chose et se rend un diable orgueilleux et égoïste qui, sous prétexte de justice divine veut tout courber

à ses pieds, poursuivant ce qui ne se soumet pas sur l'heure, par le feu et l'épée, le maudissant et le condamnant à l'enfer.

68. — La chère Vierge s'offense et se chagrine de cela, car elle ne peut venir au secours de son fiancé !

69. — Car, lorsqu'elle veut introduire ses doux rayons de lumière dans le Feu de cette âme, pour l'amollir, l'âme ne devient que plus ignée, plus orgueilleuse et plus exaltée, résistant de toutes ses forces à la douce lumière, en ne laissant rien en elle qui puisse amortir son acuité.

70. — Elle tient toute douceur pour hypocrite et rejette tout ce qui n'est pas igné ; elle recouvre tout cela avec le MYSTERIO STULTITIÆ et le nomme justice et jugement de Dieu ; elle n'est cependant sous ce dehors, qu'un diable fier et orgueilleux.

71. — Quand la chère Vierge Sophia voit que son fiancé ne peut être guéri par son amour et

sa douceur, elle se retire dans son Principe de lumière, obscurcit le feu de l'âme, la laisse tomber dans le péché et la folie, et lui donne une femme corporelle afin d'alléger le grand feu de l'eau terrestre, pour que l'esprit igné ait quelque chose avec quoi jouer dans dans sa phantaisie et que, par ce lien, il ne lui soit plus permis de s'envoler.

72. — J'ai été piqué et brûlé par un tel esprit igné ; car je n'avais point d'expérience et ne connaissais pas le Diable ; je le tenais pour divin, et croyais devoir me courber sous sa Direction et obéir à ses ordres comme un soldat novice.

73. — Mais le bon Dieu eut compassion de ma simplicité et me libéra à temps ; je Lui en suis éternellement reconnaissant.

74. — C'est pour cela que je préviens le lecteur ; car il vaut beaucoup mieux s'instruire par les malheurs d'un autre que par les siens.

75. — Sans feu, rien de grand ou de petit ne

peut se produire dans la Nature extérieure ou dans l'intérieure. Il est certain que là où il y a un grand feu, il y aura une grande lumière ; il est très utile quand il brûle dans l'humilité, qu'il ne sorte pas de son ordre pour dévorer et consumer tout ce qu'il y a autour de lui.

76. — Si Lucifer au Ciel et Adam au Paradis, avaient observé cela, celui-là serait resté Ange et celui-ci homme paradisiaque.

CHAPITRE QUATRIÈME

AVANT-PROPOS

1. — Ici viennent les troisièmes et quatrièmes FIGURES de l'auteur, que l'on a placées en tête du livre, parce qu'elles représentent la première image de Dieu dans la régénération parfaite par le Christ, avec le PECTORAL des deux PRINCIPES éternels, l'Urim et le Thummim, la lumière et la perfection de l'Esprit, avec l'HUMÉRAL et le manteau royal du royaume de JÉSUS sur le PRINCIPE xtérieur; liro Isaïe, IX; 6.

2. — Le lecteur peut voir, dès le commencement, ce que veut dire l'AUTEUR tout le long de l'ouvrage, pour décrire extérieurement en Jésus cette image qui se trouve en chacun de nous, selon saint Paul.

3. — C'est l'ordre primitif divin selon lesquels sont disposés les CENTRES dans l'homme nouveau; le premier et le second PRINCIPE par devant; le troisième derrière dans le tempérament.

4. — Tous les trois ont leur origine dans le cœur, et s'y plongent l'un l'autre pour le baptême du Saint-Esprit, de sorte que le monde de la Lumière se déclare en haut, et celui du Feu en bas.

5. — Le monde de l'Air, figuré le long du dos, est le produit des deux premiers; il reçoit dans son union leurs puissances, et il resplendit quand le Roi apparaît dans sa magnificence ; il est alors comme l'éclat d'une multitude de gemmes; c'est cela qui est la Jérusalem Céleste. (*Apoc.* 21). Toutes les forces agissent de concert et font jouer au travers les unes des autres leurs vertus et leur lumière, comme une mer de Cristal, dont l'Auteur a déjà dit un mot.

6. — Quand Jésus commence à combattre dans l'Âme, la majestueuse lumière se retire et, à sa place, Jésus se ceint en nous avec l'Essence de la Verité, il prend l'Ecrevisse de la Justice qui est la monture quotidienne du vrai soldat du Christ, il se présente devant Dieu avec le bouclier de la foi dans la main de la volonté : Telle est notre parure selon le Christ.

7. — La Vierge garde à la maison la robe nuptiale ; se couvre du Principe en même temps que du côté obscur du miroir de Lumière sur lequel plane le Saint-Esprit. Comme Dieu a son saint lit nuptial au centre de chaque Principe (lequel est devenu Jésus chez chacun de ces hommes sanctifiés en corps, en âme et en esprit) les puissances s'écoulent de la tête dans tous les membres que Dieu assemble avec soin comme dans l'Essence de la Vérité.

8. — En dernier lieu, le lecteur voit quelles Formes célestes et infernales s'opposent dans le plus haut et le plus profond combat et s'assiègent l'une l'autre simultanément.

9. — La guerre est tout autour du royaume du troisième Principe que notre Seigneur et Sauveur (qui sup-

porte tout par les paroles de Sa puissance) a pris sur son épaule et arraché à Satan dans l'humanité.

10. — Celui-ci ne veut pas abandonner ses droits, et lance à torrents tous ses venins infernaux (qui sont les Esprits COAGULÉS de l'Abîme) contre le Tempérament virginal,

11. — Qui dresse l'Amour, lequel pare les flèches empoisonnées de Satan avec le bouclier de la foi en Christ et les renvoie à son adversaire.

12. — Ce combat dure jusqu'à ce que Satan ait épuisé toute sa colère et que Jésus, prince de la Lumière et de l'Amour, l'ait terrassé et expulsé.

13. — C'est ainsi, notre foi devient de plus en plus profonde, et se sublimise comme une lumière : telle est la victoire par laquelle nous vainquons SUCCESSIVEMENT Satandans tous les PRINCIPES et nous le précipitons enfin dans l'Enfer.

14. — Alors tous les mauvais esprits se soumettent au sceptre de l'Amour de Jésus et plient le genou devant Lui.

15. — L'Amour, qui a tout souffert, tient prisonniers Satan et toute l'armée des Enfers, et les presse si fort que les mauvais esprits se *coagulent* comme une mer, entre ce monde et le royaume de l'Enfer, et rendent hommage à Jésus.

16. — Notre prince triomphe (comme Il l'a fait pour les premier et second PRINCIPES) et nous conduit à travers l'immense océan de la puissance infernale.

17. — Les mauvais esprits font place et se rangent des deux côtés sur les bords et ne peuvent faire un mouvement sans la permission de Jésus.

18. — Ainsi Jésus-Christ, DIEU et homme, règne en nous, dans les trois Royaumes, sur tous ses ennemis.

19. — Il conduit notre humanité, que le Père lui a destinée, comme une fiancée dans sa robe lavée par le sang ; et elle se présente devant Dieu, splendide et sans tache. (*Ephés*, 5 : 27. *Apoc*. 7 : 14. *Cap*. 19 : 7, 8.)

20. — Ce temps est tout proche, ainsi que le remarquent les enfants spirituels de Jésus; ils ornent leurs lampes de la justice et de la sainteté de la vérité; l'Esprit et la Fiancée disent : Viens ; oui, viens vite ; Seineur Jésus. Amen.

DE L'HOMME INTÉRIEUR

SELON L'IMAGE DE DIEU.

DE L'ENTRÉE DIVINE EN LUI

COMME EN SON PROPRE TEMPLE

1. — Cette figure représente l'homme triple intérieur angélique, tel qu'il fut créé par Dieu et tel que la régénération le renouvelle et le purifie.

2. — Elle m'a donné un travail acharné

avant de pouvoir la mettre à jour ; tu verras, cher lecteur, quand ton tour sera venu, combien je dis vrai.

3. — La sphère ou monde extérieur est ce tempérament anxieux avec les sept formes de la Nature, contenant le régime sensoriel, avec l'entendement, tous deux en esprit et en corps.

4. — C'est un miroir du monde intérieur obscur du Feu et de la Lumière ; il est lié à l'un et l'autre pendant le temps de la vie terrestre extérieure.

5. — C'est pourquoi il est dans une condition très-misérable, comme on peut le voir à la FIGURE suivante dont, à cette fin, j'ai représenté le dos.

6. — Tantôt le diable le prend par en bas de son enfer obscur, tantôt par en haut ou par le dehors de la constellation : en sorte que ce combat et cette opposition le ballottent sans cesse.

7. — Il soupire toujours après le doux abîme

de Lumière de l'Amour éternel, IMAGINE avec convoitise, s'adoucit, l'attire en soi et le rend présent.

8. — Le Feu engloutit cette céleste présence, puis brûle clairement et produit dans le cœur une belle et blanche lumière.

Dans un autre écrit, l'Auteur s'exprime de la sorte :

9. — « Cette FIGURE avec le Tempérament décrit l'œil de miracle que j'*ai* placé dans le dos afin que le lecteur curieux puisse le voir clairement.

10. — C'est l'œil du corps, dont parle le Christ (*Matth.* 6), il est au centre comme une sphère.

11. — Au dedans (ou sur le devant dans la troisième figure) est un miroir des deux PRINCIPES INTÉRIEURS.

12. — Derrière est une FIGURE de la constellation, de l'entendement, indiqué par les étoiles.

13. — Il est moitié dans l'ombre, moitié dans la Lumière; sur le dos se trouve un scintillement sombre; par derrière un miroir lumineux. »

Ici l'auteur continue :

14. — Sous le Tempérament, sur les reins, il y a un CERCLE qui désigne l'Abîme, demeure du Diable.

15. — Il ne faut pas comprendre qu'il est enfermé là; mais quand il est rejeté dans le combat par l'Esprit de Dieu, c'est là qu'il tombe,

16. — Ainsi que David demande dans ses *Psaumes* : « rejette mes ennemis derrière moi » ; *Idem*, « foule mes ennemis aux pieds. » Le soldat aguerri comprend cela.

17. — Dans le cœur est la divine lumière du monde, ou l'œil, Temple du Saint-Esprit, que Dieu habite, et qui est nommé Dieu dans la Lumière; c'est le PRINCIPE médian dans l'homme régénéré.

18. — Au-dessous est l'œil MAGIQUE divin de Merveille et le Feu (1) qui est, chez les régénérés, le lieu où le Père produit Son Fils. Chez les autres, c'est le Feu de la Colère divine.

19. — C'est le fond du ciel, des Enfers, et du monde visible, d'où naissent le bien et le mal, comme la lumière et les ténèbres, la vie et la mort, la béatitude et la damnation.

20. — Ce n'est pas sans raison qu'il est appelé MYSTÉRIUM MAGNUM, car il contient deux êtres et deux volontés : l'Unité et la Multiplicité, laquelle s'introduit en une convoitise jusqu'au Feu et à la Lumière ; dans le Feu est comprise la Vie naturelle, et dans la Lumière, la sainte Vie spirituelle de l'unité.

21. — Elle produit aussi deux volontés : l'une ignée, exaltée, orgueilleuse et diabolique ; l'autre humble, basse, angélique ; d'où le choix des Élus.

(1) V. J. Boehm, *Incarnation*, Part. I, chap. 3, v. 19.

22. — Car l'homme est, pour ce temps, son propre artisan ; il peut placer ses désirs en lui-même, comme ipséité, ou dans l'unité de Dieu selon l'équanimité ; et il est accepté par la Colère ou par l'Amour.

23. — Car ce que le tempérament s'assimile, brûle dans le tempérament, que ce soit une séité terrestre ou céleste ; et il exhale un esprit analogue, en paroles et en actes.

24. — Si donc la Volonté brûle dans l'Amour, c'est le Paradis ; mais dès qu'elle se sépare de l'Amour, c'est un Enfer.

25. — Ceci est la grande âme de feu, selon l'Eternelle Nature ignée du Père ; dans le cœur siège la nature éternelle de la Lumière, selon la propriété du Fils ; elles ne sont point séparées l'une de l'autre.

26. — Selon le troisième PRINCIPE est l'âme d'air, comme le SPIRITUS MUNDI ; elle brûle dans la chaleur et le froid.

27. — Remarquons qu'il ne s'agit pas d'un

feu MATÉRIEL, mais d'un feu spirituel, dont le CENTRE ou la racine est l'éternelle Ténèbre, d'après laquelle Dieu Se nomme un feu consumant.

28. — « L'œil igné MAGIQUE, sur la gauche, sous le cœur est, dans sa racine, le feu de la Colère divine, d'après lequel Dieu est appelé un Dieu colérique et jaloux; et selon la Lumière, c'est le feu d'Amour divin, d'après lequel Il est appelé simplement Dieu.

29. — « Selon la racine, Jacob Bœhm appelle cet esprit, l'Esprit du grand Monde, qui s'est moqué d'Adam après sa chûte(*Gen.* 3 : 22); *item*, le CHERUB avec son épée flamboyante; *item*, l'ange vengeur en Egypte; *item*, l'ange qui donna, sur le mont Sinaï, des lois aux enfants d'Israël.

30. — « C'est avec lui que Jacob a lutté toute la nuit ainsi que Jésus au Jardin des Oliviers; chaque disciple véritable du Christ passe forcément par ce procès; il n'est pas

duel, ce n'est qu'un Feu, mais revêtu de deux Qualités.

31. — « Selon cet œil igné, l'âme appartient à Dieu le Père ; tous ceux qui cherchent la justice et la vérité le font par ce Feu de la Colère.

32. — « Mais ceux qui agissent aveuglément selon la racine du Feu, Jacob Bœhme les appelle officiers de la Nature, que Dieu emploie pour exercer ses enfants et manifester les miracles de Sa colère, comme les frères de Joseph et les Pharisiens. Il n'y a dans ces hommes, comme le montre la deuxième Figure qu'un Feu sulfureux dévorant. »

33. — Telle est la description des trois mondes dans l'homme selon le corps, l'âme et l'esprit.

34. — L'âme pénètre ces trois mondes ; elle leur est liée et devient la servante de ce qu'ils s'approprient par leur convoitise et leur volonté.

35. — Ces trois principes ou mondes étaient

en équilibre chez Adam ; le monde ténébreux est dans le Feu, et le Feu est resté caché dans la Lumière.

36. — Ils ont tous trois produit un esprit de joie paradisiaque dans le Tempérament ; et le Paradis s'y est manifesté comme demeure de la céleste Sophia.

37. — Je ne puis décrire toutes ces exquises sensations, cela donne au tempérament et au corps tout entier une jeunesse nouvelle.

38. — Que le lecteur s'efforce sérieusement vers la régénération et vers les Noces de l'Agneau : il expérimentera ce céleste mariage et devra ensuite se clore lui-même et n'en pourra rien dire.

39. — Les deux cercles sont les deux PRINCIPES éternels ou yeux de l'âme, l'amour et la colère, la lumière et les ténèbres ; sur quoi il faut lire Bœhm, dans la première *Quest. sur l'âme*.

40. — On y verra comment l'âme se com-

porte dans chaque PRINCIPE, en restant étrangère à l'autre.

41. — Aucun homme ne peut y voir plus que dans le sein de sa mère; chaque PRINCIPE entraîne sa propre compréhension; voir *Actor*, XII, 12, 13.

42. — Lorsque le lecteur méditera sur la FIGURE du premier chapitre, il pourra comprendre facilement de quelle façon Dieu se révèle en nous selon le temps et l'éternité, et comment nous sommes FORMÉS à son image et à sa ressemblance dans les trois mondes,

43. — Comment tout en revient à nous sortir avec notre âme de l'entendement astral, pour mettre notre Volonté et notre désir dans le fond de Lumière le plus intérieur.

44. — Alors le Saint-Esprit vient à notre rencontre dans notre cœur, baise et embrasse notre désir, et nous remet en présence de notre cher Père céleste, dans la majestueuse Lumière

secrète, par Jésus, comme Joseph fit de son père et de cinq frères cadets.

45. — Notre Père se réjouit aussitôt de voir son Fils perdu revenir humblement à Lui ; et Il baise tendrement la Nature extérieure et les cinq sens, ainsi que le savent tous les enfants nés de nouveau.

46. — Il faut que le lecteur sache d'où la chûte a pris naissance dans une si belle image; qu'il comprenne que ce ne fut point la volonté de Dieu, comme le dit la raison, mais la propre faute d'Adam qui fut créé bon et reçut de Dieu le libre-arbitre pour se développer lui-même.

47. — Car il avait en lui les deux TEINTURES, c'était une vierge mâle, vêtue de sagesse et d'intelligence, régnant sur les poissons, les oiseaux et les animaux, pouvant donner à chacun son nom, suivant sa propriété, ainsi que le raconte Moïse, *Gen*, 1 et 2, en termes fort clairs.

48. — Puis Dieu dit qu'il n'était pas bon pour

Adam de rester seul, qu'il lui fallait une auxiliatrice.

49. — Si l'on demande : Comment ce que Dieu avait créé bon, put-il devenir mauvais ? Qu'est ce que l'arbre de l'épreuve, et cette défense ?

50. — Selon ce que révèle le Christ dans *Luc*, xv, 12 ; *Kai dicilen autois ton bion*, nous devons dire qu'Adam désirait que ses formes de vie fussent séparées et ordonnées en un corps féminin afin de ressembler à tous les animaux.

51. — Cela eut lieu en effet, mais contre le premier dessein de Dieu ; ainsi la chûte n'est pas, en premier lieu dans la consommation de la personne.

52. — Car bien qu'Adam n'eût pas mangé le fruit défendu avec sa bouche charnelle, mais son Imagination était si fortement tendue vers l'arbre, qu'il en fut accablé et qu'il mourut à la

force vitale intérieure, ou, comme dit l'Ecriture, il tomba dans le sommeil.

53. — Cherchons d'où est venu en Adam le désir de démembrer ses formes de vie? Ce désir venait des PRINCIPES, de ces formes de vie elles-mêmes, et non pas de Dieu, qui est Amour et bonté, et ne peut pas vouloir le mal.

54. — J'ai dit dans le précédent chapitre que le Feu est bon tant qu'il éclaire, qu'il échauffe et qu'il rend service aux hommes.

55. — De même le Feu de la Colère divine est utile et bon, lorsqu'il brûle en nous dans l'amour et l'humilité, et lorsqu'il ne sort pas de ses limites.

56. — Le Feu de la Colère est le générateur du Feu d'Amour ou de la Lumière, et le Père du Fils. Mais quand la Colère veut régir l'Amour, il s'ensuit des luttes et des désordres dans l'ESSENCE de la Lumière, et elle s'éteint.

57. — Alors le Feu n'a plus rien à consumer;

et il devient obscur, comme on le voit au Soufre ; c'est ce qui arrive au Diable qui est devenu tout à fait ténébreux. *Gen.* I ; 2.

58. — Ce Feu colérique, ou PRINCIPE ténébreux, fut en Adam le premier moteur de son désir, car il était caché dans la Lumière intérieure ; mais il voulait se manifester et agir par sa propre puissance.

59. — Le second moteur était le SPIRITUS MUNDI ou l'air de l'âme, dont la racine est dans le PRINCIPE obscur et qu'Adam devait nourrir et cultiver ; il était enseveli au fond des deux vies intérieures, et devait leur être soumis.

60. — Il se serait aussimanifesté avec plaisir pour mener un régime propre selon les sens extérieurs, pour ressentir, goûter et connaître chaque QUALITÉ.

61. — Mais le PRINCIPE mitoyen, celui de la Lumière, barrait la route, et avait la suprématie sur les deux autres.

62. — Ce combat pour la prééminence se développait dans l'âme d'Adam, mais sans convulsions ; il pouvait le maîtriser par la force du PRINCIPE lumineux, selon lequel Dieu est appelé Dieu tout court.

63. — Mais que fit Adam ? Il IMAGINA si longtemps dans la convoitise terrestre et le combat du SPIRITUS MUNDI, qu'enfin il faiblit, tomba en défaillance et fut mutilé pendant son sommeil.

64. — Celui qui comprend et conçoit bien ce fond des PRINCIPES, tout le sens caché de l'Ecriture lui sera distinct.

65. — D'après ce partage des PRINCIPES, trois sortes d'hommes furent produites ; comme on le voit aux trois fils de Noé qui peuplèrent le monde.

66. — Et quoiqu'il se trouve une infinité de genres et de vies, chez les hommes, ils restent tous cependant sous ces trois PRINCIPES, qui, l'un ou l'autre, prédominent dans chaque individu.

67. — Les trois Principes se meuvent et sentent ; mais ils n'opèrent pas tous trois.

68. — Nous faisons aujourd'hui ainsi qu'Adam, et les régénérés ne font pas entièrement exception.

69. — Nous recherchons le royaume extérieur, l'argent, les honneurs, le bon temps, le comfort, nous servons l'*Esprit de ce monde*, nous allons à l'Eglise et nous communions, nous prions le SPIRITUS MUNDI aveuglément, avec les formules des livres, pour qu'il nous bénisse et préserve le Mammon imparfait et périssable que nous sommes.

70. — Nous servons le Diable sous un beau manteau de prévoyance, de sagesse et de piété; nous ne proférons pas de cœur la vérité, nous n'appelons pas les ténèbres des ténèbres, afin qu'il ne nous arrive pas ce que prédit le proverbe : « Celui qui joue l'air de la Vérité, on lui casse le violon sur la tête. »

71. — Et lorsque nous sommes forcés de

nous mettre en lumière, pour sauvegarder notre honneur et notre bonne réputation, nous nous arrangeons si bien que personne ne peut nous attaquer, disant, ne jugeons personne, pour ne pas être jugés à notre tour ; ce qui a une apparence de piété.

72. — Ainsi le diable reste à couvert, et nous, pieuses gens, qui vivons sans croix, pensons être bienheureux sans épreuves, et entrer sans souffrance dans le royaume de Dieu.

73. — Nous mentons au bon Dieu ; car nous voudrions aller au ciel ; nous Lui disons beaucoup de belles paroles, parlons de l'invitation du Christ, faisons notre société d'honnêtes chrétiens, et nous faisons beaucoup de bien ; aussi les hommes nous louent,

74. — Et pensent que Dieu nous prendra dans le Ciel sans avoir passé par la Mort de l'égoïme.

75. — Mais Dieu ne s'enquiert pas des racontars ; mais Il veut avoir en éternelle pro-

priété le corps, l'âme et l'esprit, et que nous soyons identiques à son fils Jésus, en ce temps comme dans l'Éternité. (I., *Joh.*, 3.)

76. — Car le valet n'est pas meilleur que le maître; et s'ils ont appelé le Seigneur un Béelzébub, ils le font aussi à son valet.

77. — Je dois reconnaître qu'en mon temps, j'en ai très peu vu qui mirent avec la femme (*Apoc.* XII) le pied sur la lune, et qui s'en remirent à Dieu pour leur subsistance.

78. — Car, bien qu'il n'y ait pas de chemin plus court pour être délivré de tout égoïsme et du régime de l'Esprit de ce monde, que de passer par la pauvreté christique, — presque tout le monde en a honte, en méprise les partisans et les considère comme des pharisiens qui veulent attirer l'attention des autres.

79. — Je souhaite du fond du cœur que tous les hommes deviennent semblables au Christ, et Le considèrent par dessus tout comme leur très-cher Fiancé; ils embrasseraient certaine-

ment avec joie sa pauvreté et en remercieraient Dieu éternellement.

80. — Car Il prend soin de Ses enfants pauvres, leur donne sa foi très-sainte et ne les laisse pas mendier.

81. — Celui qui a mes commandements et qui les observe, m'aime; et celui qui m'aime est aimé de mon cœur et je l'aimerai et je me montrerai à lui, dit le Christ. *Joh.*, 14-21.

82. — Lorsque l'amour de Jésus ne brûle pas le cœur, il n'y a pas de désir à L'imiter, et pas de force dans l'intention de demander à Dieu Son Esprit saint, pour nous enlever de ce monde et de nous-mêmes et pour nous introduire en Jésus-Christ.

83. — Notre nature s'effraie comme le Christ, lorsqu'il combattit dans notre humanité contre la Colère de Dieu au Jardin des Oliviers. De là vient aussi que bien peu réussissent, puisqu'ils préfèrent la vie terrestre à celle du Christ.

84. — De même que l'amour du terrestre donne à un homme la force de supporter les fatigues, les dangers, les chagrins et les soucis pour obtenir du Mammon temporel l'honneur, la gloire et le bien-être,

85. — Ainsi l'Amour de Jésus donne à un chrétien la force de supporter les souffrances, la Croix, la pauvreté, la persécution et le chagrin pour l'imiter.

86. — Car l'amour rend doux et léger le joug de Jésus, il chasse toute crainte, et ne fait, après la souffrance, que d'en réveiller le désir.

87. — Parce que l'homme se sent toujours la consolation, la joie et la force au cœur, il apprend que Dieu ne le quitte pas, mais l'arrache et le sauve de l'enfer, de la mort et du besoin, et lui procure une victoire après l'autre.

88. — Si quelqu'un avait déjà assez de foi pour renverser les montagnes, sans cet amour, il ne serait qu'une cymbale retentissante. Cet

amour est plus puissant que la mort qu'aucun torrent ne peut désaltérer.

89. — Et si tu le reçois dans ton cœur, et si ton âme en est allumée, prends bien garde de ne pas le laisser éteindre, ou de le faire engloutir, car le Diable en a faim.

90. — C'est pourquoi je vais te montrer le fonds de ce qui se passe dans la régénération, comme je l'ai expérimenté : quand l'âme se retourne intérieurement avec l'enfant prodigue, et commence à vouloir rentrer dans la maison de son Père, elle n'a pas la force de partir.

91. — Mais aussitôt, Christ vient avec son Esprit et allume les formes de vie de l'âme, afin que le Principe lumineux, jusqu'alors immobile et caché, recommence à l'évertuer, et devienne sensible.

92. — Par là, elle reçoit la force de se mettre en chemin et de s'approcher de Dieu par la prière ; mais elle est encore dans le corps téné-

breux et ne peut pas reconnaître son amour et sa volonté propres, ni s'humilier foncièrement ou se rendre à la chère volonté de Dieu.

93. — Alors Christ allume avec sa Lumière, l'œil igné MAGIQUE (que le Diable a détruit en Adam et mis dans la Colère), de sorte que brûlant dans l'amour, et éclairant le cœur, il perce l'âme de ses rayons et l'embrase tout entière.

94. — Ce n'est qu'alors qu'elle aperçoit sa laideur, et combien elle est attachée à des centaines de qualités animales. Ah! comme elle se lamente, comme elle crie et comme elle pleure! elle passerait par un trou de souris, dût-elle s'arracher la peau et les cheveux.

95. — Elle se dénuderait même, si cela était en son pouvoir, afin d'être revêtue de la céleste Sophia.

96. — Ah! quels serments prête-t-elle! quelle fidélité ne promet-elle pas! Elle voudrait, pour l'amour de son fiancé, se circoncire spirituelle-

ment, renoncer à tout le terrestre, se charger de toute croix, pour Le suivre dans le besoin et dans la mort, pour Lui appartenir de corps, d'âme et d'esprit, et Lui rester fidèle jusqu'à la fin.

97. — La chère Sophia entend tout ceci avec joie, baise l'âme intérieurement, la revêt de sa présence et en cache tous les péchés.

98. — Quand l'âme s'est promenée quelque temps avec sa Bien-aimée dans le jardin des roses, lorsqu'elle a fait provision de fleurs, la Fiancée prend l'âme tout entière hors du corps.

99. — Elle paraît alors comme une boule de feu (Cf. la troisième FIGURE où est représentée l'œil des merveilles de Bœhme), elle est plongée dans la mer de feu (ceci m'arriva cinq fois en cinq jours consécutifs, pendant mes prières du soir; je vis qu'elle était en masse, d'un bleu cristallin comme le firmament, mais c'était une eau ignée, que l'âme, en la traversant, fai-

sait clapoter en petites vagues de feu; je n'en puis exprimer la saveur et l'impression délicieuses).

100. — L'âme est baptisée par ce feu MAGIQUE, et dans le cœur, par le Saint-Esprit, comme il est indiqué au § 36; elle est enfin conduite dans les déserts charnels, pour y être tentée par le Diable dans le SPIRITUS MUNDI.

101. — C'est là que commence le travail sérieux, la Fiancée se retire dans son PRINCIPE; le Diable arrive sous la forme d'un ange et dit à l'âme : Pourquoi es-tu si triste? fais du pain avec ces pierres; ta foi est très grande; tu ne la connais pas toi-même.

102. — Si l'âme est humble, si elle dirige son appétit vers le VERBE du Seigneur, l'adversaire faiblit, et présentant une autre larve, envoie à l'âme de grandes forces, pour qu'elle se croie quelque chose de rare et appelée par Dieu pour accomplir de grandes merveilles dans le monde.

103. — Si l'âme s'abandonne encore humblement à Dieu, pour qu'Il fasse d'elle ce qui Lui plaira, le diable doit encore s'en aller.

104. — Mais il revient sous la forme d'un serpent rusé, et propose à l'âme dans le troisième PRINCIPE, des richesses, des honneurs, de la renommée ou un riche mariage.

105. — Qui paraissent envoyés par Dieu même, sans aucune convoitise de l'homme; l'âme s'en émerveille souvent, et beaucoup ont été pris à ce piège qui, plus tard, n'eurent pas assez de lamentations sur leur malheur.

106. — Ceci est plus longuement expliqué dans le prochain chapitre, et je ne l'indique à cette place que pour exhorter le lecteur à la prévoyance et à la prière sérieuse et appliquée, pour qu'il ne s'abandonne jamais à son égoïsme et qu'il ne pense jamais, lorsqu'il a été saisi par l'Esprit de Dieu, qu'il a déjà triomphé, et qu'il tienne l'ennemi sous son talon.

107. — Un fer reste rouge aussi longtemps

qu'il est dans le feu; de même l'âme, tant qu'elle demeure dans l'amour de Jésus, reçoit sans cesse des forces et reste capable de surmonter le Tentateur et de porter sa croix.

108. — Mais lorsqu'elle sort dans l'entendement et qu'elle IMAGINE selon les suggestions du Tentateur, elle est aussitôt affaiblie, captée par le désir terrestre, qui éveille la convoitise et pousse la volonté jusqu'à l'acte, de telle sorte que l'amour le plus profond peut se changer en grande amertume et fureur, et les frères aînés peuvent devenir des ennemis et des persécuteurs.

109. — Qui jettent dans le tréfonds de l'enfer ce qu'ils avaient loué et le proclarent à grands cris fantaisie et fausseté : « J'ai malheureusement passé par là avec de grandes douleurs. »

110. — Pour cela, un écolier commençant, lorsqu'il a reçu dans l'âme un baiser de sa chère Sophia, doit soigneusement se garder de l'exal-

tation et ne pas penser qu'il va devenir un collaborateur avant d'avoir fait ses classes, et que le Prince de la fureur ou le Dragon rouge est vaincu et enchainé en lui.

111. — Car le Diable fait comme les soldats qui se précipitent à l'assaut d'un bastion : quoi qu'ils aient été repoussés plusieurs fois, et que beaucoup y aient laissé leur vie, les survivants espèrent toujours vaincre l'assiégé.

112. — Ainsi, un ouvrier sérieux ne doit ni paresser ni dormir ; mais être sur ses gardes, discerner les tentations que lui présente le Diable dans le SPIRITUS MUNDI, bien qu'elles paraissent être divines, et ne pas contredire la lettre de l'Ecriture, et les repousser de suite sans SPÉCULATION.

113. — Et si même un discours audible lui venait du SPIRITUS, qu'il n'y prête pas l'oreille, mais qu'il demande patiemment de ne jamais quitter son appui unique, inébranlable et permanent, son Jésus et sa très-chère Fiancée.

114. — Mais qu'il haïsse plutôt jusqu'à sa vie et qu'il abdique totalement tout ce qui pourrait l'induire de ce chaste amour en une affection créaturelle.

115. — Si je n'avais PRATIQUÉ cela avec grande peine pendant trente ans, je ne serais jamais parvenu à la certitude que je possède, par la grâce de Dieu, et le Diable se moquant du Christ et de tous ses chers enfants, m'aurait enfermé de nouveau dans cette sombre prison, d'où Jésus m'a retiré par son sang et sa mort, et aurait obscurci ma belle perle.

116. — Il est meilleur de perdre la vie terrestre que le Christ ; Il peut nous donner en échange la vie éternelle.

117. — La vie de Jésus-Christ est exactement juste le CONTRAIRE de la vie naturelle de ce monde ; c'est pourquoi Il est étranger à tous les hommes naturels.

118. — Il indique Lui-même ceci lorsque, dans *Matth.* XXVI, les riches lui demandent :

« Seigneur quand t'avons-nous laissé affamé, ou altéré, malade, nu ou prisonnier? »

119. — Car un chrétien hait ce qu'aime l'homme naturel. Il méprise ce que possèdent les hommes selon le monde. Car son trésor est dans la volonté du ciel, avec Dieu et tous les saints Anges.

120. — Il ne recherche que le Royaume de Dieu, ne s'inquiétant pas de sa nourriture, ne cherchant pas de trésors ; il se préoccupe peu de ce qu'il mange et boit, et de sa vêture, bien qu'il soit chargé d'un corps terrestre, comme les hommes.

121. — C'est pour cela qu'il est considéré comme insane, comme meurtrier de lui-même, comme méprisant les dons que Dieu a faits pour l'usage quotidien et comme un pestiféré corrupteur et nuisible dans une RÉPUBLIQUE bien organisée,

122. — N'étant d'aucune utilité pour personne, dommageable aux autres honnêtes gens;

dévorant la sueur et le sang des riches, et gaspillant par indolence et par une paresse coupable le nécessaire des autres,

123. — Avec qui on ne doit pas avoir affaire selon le précepte de *Paul*, I *Thess*, III, 14. Car il peut en corrompre d'autres par ses doctrines empoisonnées, et faire tant de pauvres que les riches n'auraient plus de quoi subvenir à leurs besoins.

124. — Ces durs aliments sont fort indigestes pour l'estomac d'un pauvre chrétien ; qu'il prenne patience et qu'il pense que le valet n'est pas meilleur que son maître.

125. — S'ils n'ont pas reconnu le Seigneur dans ce monde, comment pourraient-ils en discerner les pauvres membres méprisés, habillés comme les autres hommes d'un corps terrestre ténébreux ? Il faut un autre œil pour reconnaître le pauvre chrétien.

126. — Lorsque Dieu pousse un homme hors du monde, et lui fait abandonner son champ

et sa charrue pour suivre le Christ, l'homme doit se tenir tout-à-fait aveugle, sourd et muet, pour l'extérieur.

127. — Il ne doit pas s'orienter avec l'œil de l'entendement, selon le cours ordinaire du monde qui reste dans un régime propre et tout différent de la vie de Jésus ; il serait très-vite affaibli et égaré.

128. — Mais qu'il tourne dans son cœur, son œil interne vers son prédécesseur et son guide Jésus, qu'il prenne garde à ce que Celui-ci veut, agit et opère dans son âme.

129. — Et qu'il se garde de le précéder par un excès de zèle, car beaucoup d'âmes ont été ainsi trompées par Satan ; il ne doit que suivre.

130. — Et quoique sa raison croit mieux comprendre, qu'il ne l'écoute pas, parce que l'Esprit de Dieu interprête l'Ecriture comme il Lui plait, et non pas comme la conçoit la raison qui ne repose que sur la chair.

131. — Et si quelque chose semble contraire

à ta raison, prie pour demander une ouverture de l'intelligence et de la volonté divine, pour que Dieu te conduise dans la Lumière, afin que tu puisses voir dans l'obscurité et suivre l'Esprit en toi.

132. — Car il te faudra souvent marcher avec foi là où tu ne vois rien ; et tu ne peux rien faire de mieux que d'abandonner ta volonté à Dieu et de Le laisser agir comme Il Lui plaît.

133. — Un tel homme est le vrai temple du Dieu tri-un, dans lequel le Père est l'Amour flamboyant, le Fils la claire et belle Lumière du Cœur, d'où sort le Saint-Esprit dans l'éternelle Sagesse,

134. — Qui est l'auxiliatrice de l'âme, où elle descend spirituellement, et produit en d'autres âmes des prières, des verbes et des enseignements spirituels.

135. — Car l'âme est revêtue de la présence du Christ, ointe du Saint-Esprit, baptisée par le

feu de l'amour divin, comme Melchissédec, prêtre du Très-Haut.

136. — Jésus y est ESSENTIELLEMENT le canal de la grâce par Son sang spirituel et par Son esprit animique, le véritable intercesseur devant Dieu, notre Père céleste.

137. — L'âme doit s'offrir jusqu'au sang et à la mort, comme ANATHÈME pour ses frères pécheurs, qu'ils soient encore vivants, qu'ils aient quitté leur corps ou qu'ils n'y tiennent plus que par un fil.

138. — Une prière pleine de foi est alors très nécessaire, ainsi que mon fidèle Sauveur m'y a porté ; bien que, dans les commencements, cela me semblât tout étrange et répugnant, parce que j'avais été ainsi enseigné dans les écoles.

139. — Mais mon Guide m'ouvrit l'entendement au sujet des paroles du Christ, *Luc*, XVI, 9 : « Faites-vous des amis avec l'injuste Mammon ; afin que, lorsqu'il viendra à manquer, ils

vous reçoivent dans les tabernacles éternels. »

140. — Cela ne peut être PRATIQUÉ sans une prière incessante, par quoi l'esprit de volonté de l'âme pénètre avec son IMAGINATION dans le chaste amour de JÉSUS, lui crie grâce et miséricorde, et lutte dans ses frères non régénérés avec la source allumée de la Colère divine.

141. — C'est un combat acharné, auquel aucune âme ne pourrait résister sans le bouclier de Jésus.

142. — De même que les Prêtres de l'Ancien Testament devaient, pour célébrer le culte, se tenir purs, saints, immaculés et chastes, afin que la Colère de Dieu ne fut pas excitée en eux et qu'il puissent se tenir devant Dieu dans le Sanctuaire.

143. — Ainsi cette prêtrise de Melchissédec de la nouvelle alliance demande bien plus encore, parce que le service divin complet exige une renonciation entière de tout amour terrestre.

144. — Car le cher amour de la céleste Sophia pour l'âme est extraordinairement ardent et demande en retour une affection aussi parfaite.

145. — Or, la TURBA réside dans la cohabitation terrestre, d'où résulte en germe le combat des trois Principes, qui obscurcit toujours la belle lumière dans l'âme.

146. — Ce que voyant, la céleste Sophia est obligée de s'enfermer dans son PRINCIPE, et de laisser son fiancé à la porte, dans la honte et les regrets.

147. — C'est ainsi que des hommes éprouvés m'ont avoué n'avoir pu prier pendant de longs jours, et n'osant pas lever les yeux vers Dieu.

148. — Que le lecteur réfléchisse pourquoi les enfants d'Israël, lorsqu'il durent comparaître devant IEHOVAH sur le mont Sinaï (*Exod.* XIX,) ne s'approchèrent point de leurs femmes; et pourquoi Abimélech, lorsque David

vint à Nob, lui demanda expressément si ses hommes s'étaient abstenus de femmes. I, *Sam*. XXI.

149. — Car celui qui veut s'approcher de Dieu et qui veut avoir la *liberté* de converser avec Lui, doit se garder de toute tache, tenir sa conscience pure afin que la TURBA ou la Colère divine n'ait point de prise sur son âme et ne lui voile pas le visage ou la lumière de Dieu.

150. — Je parle ici par expérience et préviens le lecteur que l'amour charmel est très-opposé à l'amour de Jésus; et il rend tout à fait incapable de jeûner et de prier. *1 Cor*. 7.

151. — Le lecteur ne doit pas penser que je parle ici d'une Sainteté extérieure et d'une justice personnelle, qui ne valent rien devant Dieu; en aucune façon. Car nous sommes tous conçus et nés dans le péché et nous traînons avec nous un corps périssable, rempli de forfaits.

152. — Mais je vise l'homme intérieur,

comme temple véritable de Dieu, où ne doit brûler aucun feu étranger, où doivent être maudites toutes pensées qui ne sont pas l'amour de Jésus et le Feu divin.

153. — L'homme intérieur est avec sa céleste Sophia dans une union sainte et cachée; il ne doit point accueillir les pensées impures, mais les combattre aussitôt.

154. — Comment un incontinent pourrait-il se présenter dans le Saint des Saints de l'homme intérieur? Car Dieu est aussi un Dieu JALOUX, qui veut être aimé par-dessus tout.

155. — Celui qui veut pénétrer dans l'Enfer et dans la Mort, combattre les princes de la Fureur, doit revêtir l'armure divine et se prémunir contre l'obstacle de la source colérique par un ardent amour de Dieu et du prochain.

156.— Sinon, il vaut mieux qu'il s'abstienne, et qu'il se borne à secourir par son argent les soldats de Dieu qu'il rencontrera; de la sorte, il recevra aussi sa récompense.

CHAPITRE CINQUIÈME

DU COMBAT DE MICHAEL
ET DU DRAGON

1. — Ce combat spirituel entre l'Amour et la Colère, la Lumière et les Ténèbres, le Oui et le Non, s'est élevé dans le ciel dans la Volonté propre créaturelle de Lucifer, avant la création du monde visible.

2. — Lucifer se détacha de son origine, l'Amour éternel, en un vouloir propre, s'introduisit dans une opération et dans des formes, et combattit contre Dieu et son Fils, ainsi que contre ses frères, les bons Anges, qui le vainquirent.

3. — Et Lucifer fut précipité du ciel sur la

terre avec ses Anges, comme le révèle saint Jean dans l'*Apoc.*, 12.

4. — Ce prince furieux de la Colère refusa le salut à lui offert en Adam, qui avait été créé à sa place comme HIÉRARQUE humain ; et il le porta à la chûte et à la désobéissance.

5. — De là viennent l'opposition, la guerre, le meurtre, l'inimitié, la douleur, les plaintes, le besoin et la mort, aussi bien dans l'homme que hors de lui ; et on ne pourrait assez déplorer ce malheur, fût-ce avec des larmes de sang.

6. — Mais ce combat spirituel est si occulte et si bizarre que personnne ne le peut concevoir, sauf ceux qui y ont pris part et qui ont rempli leur devoir, comme on pourra s'en convaincre par ce qui va suivre.

7. — Personne ne peut porter, en vérité, le nom de chrétien, qui n'ait été souvent abattu dans ce combat, et qui ne se soit relevé à chaque coup, vainquant ses ennemis et ceux du Christ par la force de Jésus.

8. — Le plus grand bien est une séité aimable, bienheureuse, charmante, humble et paisible, où il n'y a ni ténèbres, ni angoisse, ni douleur, ni combat, ni adversité ; nous ne pouvons pas dire que DIEU ait créé un CONTRAIRE, puisque Lucifer était un prince du ciel, comme Adam le fut sur terre dans le Paradis.

9. — Laissons briller notre lumière pour le lecteur, et communiquons lui notre expérience; mais recommandons-lui de cultiver la prière et de demander sérieusement à Dieu son Esprit-Saint ; sans cette illumination, nous lui serions scellé et incompréhensible.

10. — Parce que l'Ecriture-Sainte emploie quelques expressions obscures, qui auraient besoin d'un bon éclaircissement, la raison non illuminée les conçoit à rebours et à son avantage,

11. — En PHILOSOPHIANT sur le bon Dieu, disant qu'Il est la cause de la méchanceté, le promoteur de la chûte de Lucifer et d'Adam,

prédestinant l'un à la béatitude, l'autre à la damnation.

12. — Elle fait ainsi du bon Dieu un simple diable, ainsi que ses écrits et ses aveugles conclusions le disent ; tandis que DIEU est amour, et dans toute l'éternité, ne peut vouloir que l'amour.

13. — Cependant, aucune chose ne peut exister sans son contraire ; s'il n'y avait pas d'opposition dans la vie, il n'y aurait en elle ni sensibilité, ni vouloir, ni compréhension, ni service.

14. — Car une chose unique ne fait qu'une chose ; et quoiqu'elle soit bonne en soi, elle ne connaît cependant ni le bien, ni le mal, parce qu'elle n'a rien, en elle, qui la fasse sensible.

15. — Ainsi nous pouvons PHILOSOPHER sur la volonté de Dieu, et dire : Si le Dieu caché, qui n'est qu'un être et une volonté, n'était pas sorti avec cette volonté de l'éternelle et tou-

jours égale sagesse vers une séparation de cette volonté, et si une telle séparation tendant vers une vie naturelle et créaturelle, ne s'était pas introduite en une saisissabilité, et si cette séparation n'était pas dans la vie, un combat continuel, comment la Volonté occulte de Dieu, qui est une en soi, se serait-elle manifestée ?

16. — Ce qui est la Volonté une, une séparation, est, dans le séparé, une Volonté propre, et ainsi dans la Volonté unique, s'élèvent des volontés abyssales et innombrables, comme les bourgeons sur les arbres.

17. — Ainsi, nous voyons et comprenons que, dans une une telle séparation, chaque Volonté distincte s'introduit dans une forme propre, et que le combat des volontés pour la forme consiste en ce que, dans la répartition, aucune forme n'est semblable à l'autre, bien qu'elles sortent toutes d'un même fond.

18. — De même que le Mal ou la mauvaise volonté est la cause de la bonne volonté et du

désir qu'a cette dernière de revenir et de pénétrer dans son origine, c'est-à-dire en Dieu (car ce qui est bon en soi, et qui ne souffre pas, ne désire rien, parce qu'il ne sait pas ce qui lui manque en soi ou hors de soi).

19. — Ainsi, on peut dire également de la bonne et une volonté de Dieu, qu'en soi elle ne peut rien désirer : puisqu'Il n'a rien en Lui ou hors de Lui qui puisse Lui ajouter quelque chose.

20. — C'est pourquoi Il s'introduit dans une différenciation d'où résulte une résistance dans le différencié et d'où le Bien se change en un mal sensible, agissant et veuillant; qui se sépare ensuite du Mal et veut rentrer dans la Volonté une de Dieu.

21. — Parce que la volonté une et éternelle de Dieu sort toujours de soi pour se manifester, la force divine sort avec elle de l'Un éternel en une multiplicité et en beaucoup de Centres.

22. — Et son mouvement provoque dans le

Bien le désir du repos et de la rentrée dans l'Eternel. Dans cette opération se trouvent la sensibilité, la connaissance et la volonté.

23. — Dieu, en tant que Dieu, n'a rien devant ou derrière Lui qu'Il puisse vouloir; mais lorsqu'Il veut quelque chose, cette chose sort de Lui, c'est une opposition qu'Il se fait à Lui-même, où l'éternelle Volonté veut le quelque chose.

24. — Si donc le quelque chose était un, la volonté n'y aurait rien à faire; c'est pourquoi la Volonté abyssale s'est séparée dès l'origine et s'est conçue en un être qu'elle puisse évertuer en un quelque chose; on en a une similitude dans le tempérament de l'homme.

25. — Si le tempérament ne sortait pas de soi par lui-même il n'aurait pas de sens · s'il n'avait point de sens, il ne se connaîtrait point lui-même ni les autres objets, et ne pourrait avoir aucune opération

26. — L'efflux sensoriel du tempérament le

fait vouloir ou désirer, pour introduire les sens en une égoïté; là, le tempérament opère avec les sens et se manifeste et se contemple lui-même dans cete opération.

27. — Si tous les sens étaient fondus en un seul, ils n'auraient qu'une volonté et feraient toujours une même chose; comment les merveilles et les puissances de la sagesse divine pourraient-elles être reconnues et FIGURÉES par le tempérament?

28. — Mais parce qu'il s'y trouve un CONTRAIRE comme celui qui est entre la Lumière et les Ténèbres, une qualité est toujours cause qu'une autre s'introduisit dans le désir, pour combattre la première et essayer de la dominer.

29. — Dans cette convoitise, les sens et le tempérament sont introduits en un vouloir par un fond naturel et créaturel, comme pour une maitrise, comme si ce tempérament voulait gouverner tous les autres.

30. — De là, le combat, l'angoisse et la contrariété ; en sorte que le tempérament entier est obligé de s'introduire à nouveau dans une rupture des sens et de leur volonté propre et de se remettre en Dieu d'où il est sorti.

31. — Ici naissent la foi et l'espérance : l'âme anxieuse espère une délivrance et tend vers sa source, Dieu.

32. — Il faut comprendre de même la révélation divine : toutes choses ont leur premier commencement dans l'afflux de la volonté divine ;

33. — Et comme la volonté divine ne voit aucune chose, ni de la Nature ni de la créature, elle ne contient ni douleur, ni souffrance, ni contrariété ; la compréhension et la connaissance découlent de la prononciation du Verbe.

34. — Et cette sortie est le commencement de la Volonté, lorsque la compréhension s'est distinguée en formes ; ainsi ces formes sont devenues désirantes en elles-mêmes, pour avoir une opposition à leur ressemblance :

35. — Et ce même désir est devenu une capacité de l'égoïsme tendant vers la volonté propre.

36. — Et cette volonté propre est le fond de son égoïté qui est un fond de ténèbres et de sensibilité douloureuse :

37. — Tel est le fond de la nature, d'où vient la multiplicité des propriétés, où une volonté naît d'une autre, dans une opposition perpétuelle, pour échapper à la douleur.

38. — Il faut comprendre, dans une telle émanation des puissances divines jusqu'à la Nature et à la créature, deux sortes de volontés en un être : d'abord la volonté divine qui ne s'introduit dans la sensibilité et dans l'opération que pour manifester les forces, les couleurs et les vertus.

39. — Puis la volonté commençante de la Nature qui s'introduit dans un état d'égoïsme et de propriété ; d'où naît la dissemblance des vouloirs dans chacun desquels se montre un CONTRAIRE.

40. — La volonté intérieure désire comme un bien son opposé, où se déploie la volonté divine.

41. — Mais la même volonté naturelle créée, désire aussi son analogue par sa propre capacité ; elle devient ainsi MATÉRIELLE et ténébreuse.

42. — Ainsi, tous les êtres de ce monde en contiennent chacun deux ; l'un éternel, divin et spirituel ; l'autre initial, naturel, temporel et corruptible ; deux volontés résident au centre de chaque vie, l'une initiale, naturelle, l'autre éternelle et spirituelle.

43. — Et ces deux êtres sont compris en deux PRINCIPES, comme le lecteur peut le voir dans les figures ci-jointes.

44. — Au moyen de ce fond découvert, on peut répondre clairement à la raison que la chute de Lucifer et d'Adam ne se trouvait aucunement dans la bonne volonté de Dieu ; mais qu'elle naquit de la volonté créaturelle, parce que Lucifer avait retiré son libre arbitre,

de l'harmonie et de l'amour divins, pour le conduire dans la propriété :

45. — Alors les ténèbres devinrent prépondérantes en lui et le possédèrent.

46. — Et cette fausse volonté égoïste est le Satan et le Diable, l'antique serpent, le menteur et le meurtrier qui a détourné le monde du bien, et éloigne jour et nuit nos frères de Dieu. *Apoc.*, 12.

47. — C'est aussi le dragon de feu contre lequel Michaël a combattu, et qu'il a expulsé avec ses LÉGIONS du Nom sacré.

48. — La chute d'Adam a eu lieu de même, en se laissant égarer par les discours rusés du diable, qui conduisirent dans une complaisance égoïste sa volonté créaturelle :

49. — Sur l'heure, son PRINCIPE de Lumière, la Sagesse divine, fut éteinte dans la fausse volonté, et le troisième PRINCIPE se réveilla dans l'imagination propre, comme supplice de la constellation et des quatre éléments ; le corps

devint grossier et animal, et les sens faux et terrestres.

50. — L'homme s'est rendu sombre, misérable, dur, grossier, austère ; il est devenu une inquiétude perpétuelle, courant dans les puissances terrestres, cherchant dans la corruption un repos qu'il ne trouve jamais.

51. — Le grand amour de Dieu est venu au secours de cette vie prisonnière qui, après une telle chute, s'est senti inspirée à nouveau dans l'ENS intérieur, être perdu de la propriété divine, et rendue à la vie comme par un nouvel afflux de l'unité, de l'amour et du repos divins.

52. — C'est ainsi que la vie peut éteindre sa douleur et son inquiétude dans le CENTRE de la propriété et de la sensibilité.

53. — La première figure du premier chapitre montre au lecteur comment l'homme est une véritable image de Dieu, selon les trois principes, et que Dieu est beaucoup plus près de

lui dans le fond intérieur que hors de lui, dans le ciel ;

54. — Et qu'Il ne sera qu'avec l'enfant prodigue qui arrête sa volonté, son action et sa vie propres, s'humilie dans son centre le plus profond, place ses sens et son IMAGINATION dans l'amour de Jésus, demande grâce et miséricorde et ne cesse pas jusqu'à ce qu'il ait été sensiblement exaucé.

55. — S'il veille du soir au matin, s'il résiste au cœur terrestre, il verra comme le Père céleste se hâtera à son secours ; pour réjouir ses sens, soutenir son courage, baiser avec amour son centre igné, et allumer à nouveau ce qui n'est encore que correct et froid.

56. — En dehors de cela tout n'est qu'une dérision de laquelle Dieu dit, par le prophète : « Ce peuple ne m'honore que des lèvres, mais son cœur est loin de moi. »

57. — Par nature, nous sommes tous enfants

de la colère, bien que nous ayons été baptisés dans la mort du Christ.

58. — La volonté propre perce d'abord dans la première jeunesse, et introduit sa vie animale dans les merveilles des astres et des éléments ; elle vit selon leurs impulsions, dans le bien et le mal du fond païen ; c'est un pur diable, Satan et dragon d'inimitié qui résiste à Dieu dans ses actes et toute sa conduite.

59. — Elle n'a pas d'autre œil que l'entendement et ne peut pas voir plus loin que la genèse de ce monde extérieur : elle n'a pas d'autre lumière que le Soleil et les étoiles, comme le montre la Figure du second chapitre.

60. — Et si l'homme ne se retourne et ne dirige pas sa volonté dans la vie divine, la lumière du Soleil l'abandonne à la mort.

61. — C'est pourquoi on remarque chez tant de mourants une si grande angoisse et frayeur de l'abîme ténébreux.

62. — Aussitôt que l'homme retourne son

âme dans son corps, qu'il se sépare de la lumière de la raison et introvertit ses sens, le Verbe éternel lui envoie de la force, et le Saint-Esprit rayonne dans son entendement,

63. — Ouvre la compréhension de la Sagesse cachée, de sorte qu'il reconnaîtra de suite l'éloignement de la chrétienté pour la vie de JÉSUS, l'erreur des sens dans le service extérieur de Dieu, et la tour de Babel des multiples RELIGIONS du Monde sur Dieu et le culte véritable,

64. — Qui consiste, dans une âme introvertie et régénérée à prier Dieu en elle, en esprit et en vérité, à LE goûter, L'entendre, LE voir et LE sentir.

65. — Il est baptisé et pénétré du feu de l'Amour divin, il reçoit l'onction du Saint-Esprit, il est renouvelé dans ses sens et son tempérament, il peut voir par trois yeux, comprendre toute la Sagesse de Dieu, et devenir, d'animal diabolique, un animal angélique et

une véritable image de Jésus, ainsi que cela est dépeint dans les Figures du troisième Chapitre.

66. — Il changera aussi d'opinions, haïra ce qu'il aura aimé, et aimera ce qu'il haïssait.

67. — Dieu lui fait comprendre en l'illuminant, que sa volonté propre est ce dragon de feu dont parle l'*Apocalypse*, XII, contre lequel l'homme doit lutter par la force de Jésus.

68. — Que son âme et ses sens ne peuvent se reposer en Christ, jusqu'à ce que le dragon roux soit vaincu, lié, et mis aux pieds de Jésus dans l'homme intérieur, et qu'il soit soumis à la volonté de Dieu dans le PRINCIPE intérieur de lumière.

69. — C'est ce combat que Dieu indiquait à nos premiers parents : « Je mettrai l'inimitié entre toi, serpent et la femme, et entre ta semence et sa semence. » *Gen*, III.

70. — C'est ce combat que représente l'esprit de Jésus dans l'*Apoc.*, XII, qui dure depuis Adam

jusqu'à nos jours, et qui continuera jusqu'à la fin, pour les fidèles.

71. — Car ce combat est spirituel, et aussi bien intérieur entre la chair et l'esprit dans les sens, qu'extérieur entre la semence de la femme et celle du serpent; je veux communiquer au lecteur ce que m'à donné le bon Dieu, aussi loin que puisse l'atteindre ma propre expérience.

72. — Mon lecteur chrétien doit comprendre ici que je parle de l'âme régénérée qui est, avec l'enfant prodigue, sur le chemin de la maison de son cher Père.

73. — Mais pour celui qui est terrestre, je n'ai rien écrit, et il ne comprendra rien : car un homme terrestre vit selon les désirs de la chair, et ne connait que les hasards extérieurs.

74. — Mais un régénéré, qui rompt avec les faux désirs charnels, et qui, de l'étable diabolique, place ses facultés dans le Saint des Saints, où Dieu demeure et est présent aux âmes, sera

tenté par le Diable, au moyen de fausses idées, d'où de fausses IMAGINATIONS, puis de pensées adverses et de mauvaises volontés.

75. — Car le tempérament extérieur est situé mi-partie dans les ténèbres et mi-partie dans la Lumière, comme on le voit dans les Figures du troisième chapitre ;

76. — Il devra souffrir beaucoup de mal, et quoique le Diable ne puisse pas voir dans la partie lumineuse des âmes, il agit dans la partie ténébreuse sur les divisions de la volonté, détermine le trouble et la confusion dans la roue du tempérament et empêche le bien partout où il peut.

77. — De là vient que Paul et tous les saints se plaignent qu'ils font souvent ce qu'ils ne veulent pas.

78. — Si nous voulons bien comprendre le fond de ce combat spirituel, cherchons à la lumière de la Nature, ce qu'est notre âme pour qu'il en puisse résulter en un instant de l'amour

ou de la colère, de la lumière ou des ténèbres, de la joie ou de la douleur ;

79. — Plus rapides qu'un éclair, les bonnes et les mauvaises pensées vont et viennent innombrables :

80. — Nous trouverons que c'est une volonté désireuse qui est prise dans les ténèbres, qui soupire sans cesse après la lumière, et qui veut accoucher de son désir, afin d'être délivrée de cette douleur lancinante, et d'atteindre en soi le Paradis ou TEMPÉRAMENT ;

81. — Où elle pourrait se reposer de ses fatigues spirituelles et rassasier sa faim douloureuse, afin que la Volonté de Dieu agisse en elle, comme cela a été expliqué en détail aux paragraphes 25-31.

82. — Ainsi quelqu'un d'inexercé a besoin de plus de leçons puisqu'il faut l'aider par des analogies.

83. — Le tempérament s'affame et convoite violemment d'accoucher en lui de la Lumière ;

et plus violente est la convoitise, plus grande devient la douleur obscure, de sorte que les âmes non exercées tombent dans le doute, et leur courage s'affaiblit.

84. — Elles abandonnent la prière et le combat, comme je l'ai fait moi-même, et je conseille à mon lecteur de ne pas m'imiter ;

85. — Mais de concevoir une autre volonté, pour rompre avec cette ténèbre douloureuse, en y abandonnant la première volonté.

86. — Ainsi il apprendra par la prière et le travail ce que ces lignes ne peuvent pas exprimer.

87. — Ah ! comme la céleste Sophia presse son ardent fiancé sur son cœur, quand *ils* se rencontrent dans la CONJONCTION d'amour ! C'est ce que savent bien ceux qui ont été convives à ces noces.

88. — C'est le baptême de feu, où l'âme est plongée dans la mer ignée de l'Amour, puis allumée à nouveau par le feu d'Amour, en sorte

que la noble et douce lumière resplendit dans le tempérament.

89. — Puis le fiancé se promène avec sa chère vierge, dans le jardin de roses, et lui compose des bouquets avec les fleurs des vertus, ainsi que l'ont appris tous nos chers compagnons, dans ces dix dernières années.

90. — Ils se sont réjouis dans la lumière de Sophia, ils ont chanté leur amour et tous les auditeurs ont été ENFLAMMÉS et ont glorifié Dieu.

91. — Cependant cette Lumière ne demeure pas constante dans le Tempérament ; la Vierge céleste se retire dans son ÆTHER et ÉPROUVE son fiancé s'il lui sera fidèle dans le malheur comme dans la joie, et s'il la suivra avec persévérance dans toutes les traverses.

92. — Mes amis ont été dans la probation ; et bientôt après s'être liés par trois fois, et s'être juré les uns les autres de demeurer fermes dans l'Amour, et de condamner la plus petite pensée qui ne serait pas Amour,

93. — Celui qui proposa l'alliance, mon fils premier-né, voulant guider les autres, méprisant mes cordiales remontrances, se jeta étourdiment dans la fureur, et dispersa de nouveau ce qu'il avait rassemblé solidement;

94. — Sur trente, un seul demeura ferme, donnant son bien et son sang, et reçut le sceau du Saint-Esprit.

95. — Les autres sont, pour la plupart, morts égarés, ayant changé en mensonge la vérité, et nous ayant lamentablement déchirés: il y aurait beaucoup à raconter là-dessus si cela pouvait être utile au lecteur.

96. — Quand un malade veut se guérir, il ne prendra pas du poison, mais des médicaments appropriés;

97. — De même, si nous voulons être soulagés de la colère de Dieu, qui nous a emprisonnés en Adam et affaiblis, nous devons introduire, par un désir puissant, l'Amour de Dieu dans le Feu colérique de notre âme;

98. — Et continuer jusqu'à ce que l'Amour ait accablé la Colère et l'ait TRANSMUÉE et changée en Amour.

99. — Mais il en coûte un travail inexprimable et un dur combat de plusieurs années avant qu'un diable ne devienne un ange, et que le dragon de feu ne laisse tomber ses droits ; on peut le voir chez Jacob, dans le Christ au jardin des Olives et sur la Croix.

100. — Car pour engloutir la Colère, l'Amour doit se rendre tout entier ; la Volonté propre naturelle tremble, parce qu'elle ne veut pas mourir, et s'oppose avec une force telle que Dieu doit employer le pieux et l'impie, enlever toutes les créatures, et ôter toute consolation.

101. — Jusqu'à ce qu'enfin l'égoïté se rende en mourant, et se soumette tout entière en pleine obéissance à la volonté de Dieu.

102- — C'èst alors que le Dragon de feu perd son royaume et son trône en cours; l'Amour se lève à la mort de l'égoïté et est placé dans l'âme à la droite de Dieu, au-dessus de la Colère et de toutes ses puissances.

103. — Il règne ensuite dans le PRINCIPE médian de la Lumière, sur le fond igné des premier et troisième PRINCIPES.

104. — Le Paradis se lève alors seulement dans l'âme, la Lumière luit continuellement dans les ténèbres, le Tentateur est chassé et les anges viennent à nous et nous servent.

105. — La joie, la gaîté, les actions de grâce et les sacrifices ont lieu, parce que celui-là vient d'être rejeté qui jour et nuit cachait Dieu à nous et à nos frères, et parce que l'honneur, la puissance, le royaume et la gloire de Dieu et de ses oints sont descendus.

106. — Le lecteur chrétien doit cependant savoir que je n'entends pas par Amour, une fantaisie de l'ipséité, mais Jésus, l'éternelle SOPHIA, qui, après la chute, est devenue l'auxiliatrice de nos âmes, et qui s'est enfermée ESSENTIELLEMENT dans l'ENS des âmes affaiblies.

107. — Je dois en avertir fidèlement mon lecteur, afin qu'il comprenne que je ne veux pas du tout défendre l'état de mariage, ni le diminuer; mais simplement dire ce que j'ai appris et ce que le Seigneur m'a ouvert.

108. — On sait les leçons que le Christ lui-même a données, et celles que les écrits des Apôtres nous ont transmises :

109. — Tout renier; haïr et abandonner notre propre vie, car si nous voulons être des disciples parfaits, le SPIRITUS MUNDI qui est la justice de Dieu tient compte de tout le corruptible et même de notre vie terrestre, et nous enlève tout, jusqu'à la chemise, — ainsi ce que cela m'est arrivé, à moi et à d'autres.

110. — Comme notre maître, nous n'avons rien en propre, sans quoi nous ne triompherions pas dans notre lutte avec la Colère de Dieu ; car c'est une entreprise irréalisable si nous ne pouvons pas nous délier de cette chaîne.

111. — Cependant, selon la règle de Paul,

I *Corinth*, VII, chacun doit conserver l'état où Dieu l'a appelé; et c'est que j'ai pris toute ma vie comme un ordre capital.

112.—Bien que différents hommes de valeur soient venus à moi, se soient promis à SOPHIA se soient librement circoncis pour elle et se soient éloignés de leurs femmes, avec le consentement de ces dernières, il ne sont pas sortis de l'épreuve.

113. — Ils sont retombés dans la MATRICE terrestre, ont trompé leur chère SOPHIA, nous ont cruellement déchirés et ont jeté la bonne semence; si bien que Dieu a dû couper ces ronces et ces épines inutiles.

114. — Pour cette raison, gardons l'humilité, car les dons de Dieu sont divers.

115. — Que chacun reste fidèle dans le peu qui lui est propre ; on lui donnera ce qu'il doit avoir ; et qu'il travaille selon ses forces, comme il pourra.

116. — Le temps de la moisson dans les

trois PRINCIPES est très admirable ; que chacun regarde seulement quel maître il se donne ; je ne l'ai appris que par trente années de luttes, de coups, de blessures et de souffrances.

117. — Il s'agit de tresser une guirlande angélique que la céleste SOPHIA mettra sur la tête de tous ses fidèles chevaliers, qui ont vaincu en eux le dragon de l'égoïsme, la Colère de Dieu.

118. — Le semblable aime le semblable, dit-on ; et comme cela est naturel, il ne faut pas s'étonner que le Christ aime ceux qui lui ressemblent.

119. — Comme Il ne trouve plus son visage en nous, depuis que nous sommes tous devenus enfants de la Colère, et que nous manquons de Justice, qui vaut seule devant Dieu, Il nous envoie son Esprit Saint pour éveiller la fiancée.

120. — Et Il envoie au dehors son ange pour chercher des âmes vierges ; Il ôte Sa lumière à ses enfants et invite au festin les aveugles, les estropiés et les infirmes.

121. — Il embrasse et baise également tous ses hôtes ; mais aucun ne se confie en ses bras, aucun ne Le conduit à la chambre nuptiale cachée, qui n'a pas subi l'examen dans les déserts de la chair et triomphé du Tentateur.

122. — C'est ce que mes compagnons ne voulurent pas croire ; ils s'allumèrent de fureur et voulurent violenter la chère SOPHIA ; mais ils ont fait un faux pas terrible et ont perdu leur couronne angélique.

123. — Voilà pourquoi, lecteur, tu peux tenir pour inutile tout autre précepte que te garder humble et te préserver de ta propre exaltation.

124. — Ce n'est certainement pas peu que de devenir ange ou enfant de Dieu, de Diable que l'on était, de siéger avec le Christ à la droite de Sa Majesté et d'être juge sur ses ennemis.

125. — Pour cela nous devons être l'image exacte de Jésus dans la vie, l'affliction, la per-

sécution, la pauvreté, les douleurs, l'enfer et la mort, c'est ce que la chair délicate et le sang trouvent très dur, et ils préfèrent une joie courte et passagère à la béatitude éternelle.

126. — Il n'est pas bon de regarder le cours du monde, de vouloir suivre avec le grand nombre la voie large qui conduit à la perdition, plutôt que de choisir avec le petit nombre le chemin étroit du royaume des cieux.

127. — Mon cher lecteur, on nous fait la voie large praticable et agréable, et on nous apprend que les âmes damnées comme les anges schismatiques, que leur séjour ne préserve pas, seront ramenés, et seront faits anges de Dieu.

128. Et ceci sous une grande apparence d'Amour surnaturel ; des âmes dures risquent leur vie là-dessus.

129. — Sois prudent et répète dans ton cœur les paroles du Christ : le valet n'est pas meilleur que le maître ; s'ils ont pris comme maître Béelzébub, ils ne feront pas son esclave meilleur. Ce

temps de douleur n'est pas digne de la magnificence qui doit être donnée aux enfants de Dieu.

130. — Le besoin de se jeter en Dieu et de se confier à Lui invisible, comme s'il était visible, vient de Dieu seul, et se développe par un long exercice.

131. — Car, lorsque la foi est semée dans notre cœur, elle est d'abord petite comme un grain de sénevé, et devient avec le temps un grand arbre.

132. — Mais aussi peu que l'arbre croît sous le soleil, la tempête, les vents et la grêle surviennent, et sans attirer les sucs de la terre, aussi peu la foi s'affermit sous les croix, les tribulations, les persécutions et les tentations.

133. — Le Christ a édifié son royaume en nous, afin que nous puissions Le sentir, Le goûter, ne pas Le chercher au loin, et ne pas crier !

134. — Il nous a promis que ce que nous

demanderions en esprit et en vérité en Son nom, nous serait accordé par notre Père céleste.

135. — Il est impossible que Dieu mente : par suite lorsque nous demandons et que nous ne recevons pas, c'est purement par notre faute soit que notre TEINTURE animique n'est pas complètement placée en Dieu, ou qu'elle a une attache à quelque chose de terrestre ou à une créature.

136. — Une chienne n'abandonne pas ses petits ; comment Dieu quitterait-il ceux qui l'appellent jour et nuit et qui se confient à Lui de tout leur cœur ?

137. — Il nous semble bien cependant, dans la tentation, que le Ciel est devenu de fer et que Dieu ne sait plus entendre ; l'âme ne doit pas s'en effrayer, ni trembler, ni douter, ni quitter la prière ;

138. — Mais persévérer avec une ardeur de feu, et lutter comme Jacob si longtemps que

Dieu et l'homme soient accablés, et que la foi et l'amour aient triomphé, comme nous en voyons un magnifique exemple en Job le patient.

139. — Et un vrai combattant doit aller aussi loin que cela ; sans quoi, le Chérubin tiendra son âme et ses sens dans le doute et l'inquiétude, ne les laissera jamais arriver à une certitude ni échapper de la sombre prison de la Colère.

140. — Celui qui est armé garde sa maison et son royaume : Ayons avec nous dans le combat le héros Jésus ; sans quoi nous n'aboutirons à rien et le Diable se moquera de nous et du Christ en nous.

141. — Il n'y a pas de combat plus violent, ni plus douloureux que lorsque le bon Dieu fiance une bonne âme et lorsque celle-ci laisse croître dans son cœur une racine amère :

142. — Il en résulte une séparation de la Volonté d'Amour unique en beaucoup de vo-

lontés amères ; comme cela est arrivé au Ciel avec les anges, jusqu'à ce qu'enfin Lucifer ait été précipité avec ses légions de la Lumière dans les Ténèbres ;

143. — Cela est aussi arrivé avec mes compagnons qui, par un envoi admirable de Dieu, se trouvèrent dans ma demeure, alors que je vivais très caché et que je pensais rester inconnu ;

144. — Ils se fiancèrent à SOPHIA et s'efforcèrent par tous les moyens d'arriver au mariage ; certains travaillèrent durement pendant dix ans ;

145. — Ils se lièrent même spontanément les uns aux autres par trois fois, et promirent de se garder de toute amertume pour CONSERVER un tel amour, et de chasser, dès son premier mouvement, la moindre pensée qui ne serait pas amour ;

146. — Et celui qui proposa ce serment, n'aurait jamais cru qu'il serait le premier par-

jure et que ce qu'il avait édifié dans l'Amour de Jésus serait renversé dans la Colère; ce qui arriva cependant dans un court intervalle.

147. — Il s'en éleva une Volonté infernale et un diable si amer que l'on se sauva les uns des autres, et que l'Amour manifeste qui existait, se changea en meurtre, calomnie, vices, jugements faux et persécutions, et que la perversité qui se donna libre cours dépassa de beaucoup le bien qu'on avait fait.

148. — Par contre-coup, la Colère fut si allumée dans la Nature que moi et un frère demeuré ferme dans le procès du Christ, nous fûmes menacés dans notre vie, et nous dûmes combattre jusqu'au sang contre le dragon de la Volonté;

149. — Et si notre fidèle héros et allié ne s'était pas mis à l'œuvre avec nous, il nous eût été impossible de résister à la tentation.

150. — Car plus nous leur avions mis au cœur l'amour de Sophia plus ils s'étaient exal-

tés dans la propriété colérique du Dragon; jusqu'à ce qu'enfin Dieu dut couper les ronces avec la faux, afin que nous ne fussions pas tentés au-dessus de nos forces.

151. — Ceci peut servir d'instruction à notre prochain, lorsque le Fiancé sera devant la porte et que des mouvements merveilleux se feront dans l'Esprit, les vierges folles s'aimeront alors les unes les autres, haïront et persécuteront le Fiancé et les vierges sages.

152. — Notre volonté propre créaturelle (lorsqu'elle s'abîme dans l'amour éternel, dans le fond intérieur, et qu'elle se rend tout entière à Dieu, ce qui arrive par une faim, des demandes, des soupirs, des désirs ininterrompus) est un ange de Dieu, un char nuptial du Saint-Esprit, le Fiancé de Sophia et une œuvre de Dieu le Père.

153. — Par laquelle Il engendre et révèle ses merveilles d'Amour, au moyen des sept esprits ou Formes de la Nature selon les trois PRINCIPES;

154. — Et aussi longtemps que l'homme active en lui ce feu sacré, par le souffle de la prière, et qu'il en fait briller la flamme, aussi longtemps la chère SOPHIA illumine l'âme, et le Diable ne l'approche pas si facilement.

155. — Et bien qu'il puisse frapper à la porte de l'âme avec ses rayons empoisonnés, rudes et ignés, les esprits s'agitent aussitôt et envoient les sens en Dieu ;

156. — Qui arrive aussitôt au secours, et c'est dans l'âme un grand tumulte jusqu'à ce que l'ennemi soit chassé.

157. — Mais lorsque la Volonté propre se détourne de la Lumière divine, dans le fond le plus intérieur de l'âme, et se dirige en dehors vers les sept esprits des planètes, elle se transforme en un dragon colérique, igné et exalté, le diable, Satan, l'antique serpent (*Apoc.*, 12), qui s'élève contre Dieu et ses œuvres, qui Le combat dans Ses chers enfants, et qui est le char, le temple et la demeure du Diable;

158. — C'est ainsi qu'il se moque de Dieu et de tous les bons cœurs, et peut, par leur canal, pénétrer dans ce monde, ce qui lui est impossible sans cela.

159. — Que mon lecteur soit cordialement exhorté à ne chercher qu'à se connaître à fond; il trouvera certainement en lui le dragon à sept têtes et la prostituée ;

160. — Qu'il leur déclare la guerre de suite, et qu'il ne dépose pas les armes, qu'il ne cherche pas de repos dans la chair jusqu'à ce qu'il ait précipité son ennemi du temple céleste intérieur dans le cloaque puant; il aura acquis de la gloire devant Dieu.

161. — Dieu jettera bien la bête et la prostituée du monde extérieur dans le gouffre infernal, lorsque le temps en sera venu.

162. — Les armes du Tentateur sont en partie extérieures et corporelles, en partie intérieures et spirituelles.

163. — Extérieurement, la persécution, la

prison, les fers, les outrages, les railleries, le bannissement et la mort; car il a droit sur la vie extérieure; et si nous pouvons le quitter, il perd sa puissance.

164. — Lorsqu'il a perdu cette bataille et qu'il voit que l'âme ne s'effraie point de sa peau de lion, il revêt la forme du serpent, se poste sous l'arbre de la tentation et nous présente des héritages, de riches mariages, des honneurs, de hauts emplois.

165. — Comme il sait nous dépeindre de jolies choses par notre raison! comme il charme l'âme, les sens et l'Imagination pour nous faire mordre la pomme savoureuse!

166. — Il perd ainsi beaucoup de bonnes âmes qui déplorent ensuite jusqu'à la fin leur perte et leur défaite.

167. — Il m'a éprouvé durant longues années avec cet appât de charogne, jusqu'à ce que l'amour de Dieu m'ait libéré et m'ait donné pour cela la Vierge céleste.

168. — Quand cette tentative échoue, il essaie les éléments spirituels, l'orgueil, l'ambition, la jalousie, la colère, et inspire à l'âme le mépris des grandes vertus divines de la sainteté;

169 — Qu'elle doit se dresser, s'élever au-dessus des Trônes et mépriser ce qui ne ressemble pas à sa puissance ignée.

170. — Qu'elle doit attirer par ruse le bien de ses proches, calomnier celui qui voudrait la punir, ou le tuer et le jeter par terre.

171. — Et lorsqu'il trouve un objet, il s'allume et consume dans le Feu colérique tout ce qui n'est pas affermi dans l'amour, et noircit tellement la vie et la conduite du soldat de Jésus, qu'aucun honnête homme ne peut plus le reconnaître.

172. — En même temps, il se rue sur l'âme avec l'angoisse, la peur, la frayeur, le tremblement, le doute, l'incrédulité, la concupiscence, etc., et veut la forcer à tomber à

genoux et à le supplier pour un morceau de pain.

173. — Il présente Dieu comme un Juge colère et sans pitié, de sorte que le ciel et la terre semblent une prison où l'on crie, mais où l'aide est loin.

174. — Mais Dieu ne laisse pas éprouver le juste au delà de ses forces ; et quand la mesure est comble, Il envoie un salut admirable, rend amis les ennemis ou coupe l'ivraie.

175. — Toi, Cher Lecteur, tu ne peux faire autre chose dans toutes ces épreuves, que de prier, comme j'ai fait infatigablement, et croire fermement que Dieu est Amour, et Il ne m'a en effet pas abandonné dans le besoin.

176. — Qu'Il en ait la gloire, l'honneur, le remerciement et la louange dans les Éternités. Amen !

CHAPITRE SIXIÈME

DE LA PRIÈRE

1. — Dieu m'a révélé dans la lumière de la Grâce et de la Nature, et j'ai appris par ma propre expérience qu'un pieux chrétien ne peut rester dans ce monde sans adversité.

2. — Sans être non seulement accablé dans l'extérieur par les incroyables ruses et embûches du démon ; mais qu'il porte de plus en lui son féroce ennemi, qu'il le nourrit, le fait grandir et s'expose ainsi à de grands dangers.

3. — Car le Diable, le Monde, la Colère de Dieu et sa propre Chair l'attirent dans le profond abîme des Ténèbres, voulant éteindre ou engloutir la petite Lumière divine allumée

dans son cœur, et dont le Diable est ennemi juré.

4. — Je n'ai rien pu faire de mieux que de jeter continuellement ma volonté propre dans la très-chère volonté de Dieu, et de m'en tenir inébranlablement avec des supplications et des soupirs au régime de Son Saint-Esprit.

5. — Je n'ai rien entrepris sans la prière et l'assentiment de mon cher Guide, parce que je suivais un chemin tout à fait inconnu et que je vivais en Christ, ce qui est contraire et inconcevable à toute raison.

6. — J'eus beaucoup de chocs à soutenir de la part des hommes naturels; les amis et les ennemis se levèrent contre moi, me considérant comme un novateur bizarre, qui voulait introduire un enseignement et une méthode étranges et tout à fait impraticables à la Nature humaine; ils me regardèrent d'un mauvais œil, me haïrent et me quittèrent; et je vis que mes pressentiments ne m'avaient pas trompé.

7. — Et comme je résolus, pour éviter l'orage, de m'enterrer dans le silence, Dieu DIRIGEA autrement ma conduite, et me ramena au combat.

8. — Je vis que ma Volonté combattait celle de Dieu, et comme Il devenait trop fort, je dus m'abandonner entièrement à Lui et Le laisser agir, bien que ma raison ne put prévoir où Il visait,

9. — Jusqu'à ce qu'enfin par Sa compassion, j'arrivai dans un hâvre sûr ; mon âme y a trouvé le repos, et les promoteurs de mes peines et de mes doutes ne peuvent plus m'y atteindre.

10. — Ceux qui connaissent le cœur savent ce que cela coûte de sueurs, de peines et de prières ardentes ;

11. — Je me réjouis hautement, je remercie de cœur le Très-Haut de ce qu'Il m'a conservé un fidèle collaborateur entre beaucoup d'autres,

12. — Qui a veillé et prié avec moi, sacrifié son bien et son sang, et qui a reçu la récom-

pense et la victoire de la foi, par Jésus ; et il peut rendre témoignage de ce qui nous est arrivé.

13. — Le Saint-Esprit et le besoin de la prière sont les meilleurs maitres ; et nous n'aurions pas besoin de livres et de formules si nous avions tous les mêmes sentiments, et si nous possédions le Saint-Esprit de la prière.

14. — Mais comme il y a beaucoup de concepts, l'un cherche Dieu dans les étoiles, l'autre dans l'air, et très peu Le cherchent en eux-mêmes ; chacun va son chemin et prie selon sa CONSTELLATION.

15. — Un homme animal n'atteint pas plus loin que le ciel aérien, l'ANIMA MUNDI, dans les éléments.

16. — D'autres vont un peu plus profondément, ils pénètrent dans le SPIRITUS MUNDI, ou dans le ciel étoilé, jusqu'au Soleil ; il leur est défendu d'aller plus loin.

17. — Un homme diabolique pénètre dans le

monde obscur, car sa MAGIE ne cherche qu'à produire des œuvres et des verbes de ténèbres, selon les désirs de sa chair et de sa mauvaise volonté.

18. — Mais le régénéré, rentre en soi avec sa MAGIE, dans le vrai Ciel saint de la TEINTURE de Lumière et saisit dans son désir le Verbe parlant ou SOPHIA.

19. — Il produit dans toutes ses prières par le FIAT, la sainte Trinité et la sagesse céleste.

20. — Et lui seul prie en Esprit et en vérité le vrai Dieu tri-un, et sa prière est un oui et un amen dans les cieux et sur la terre.

21. — Les autres s'en tiennent à leurs paroles ordinaires et produisent des formes de la volonté propre, selon le désir extérieur de la vie ; elles ne contiennent pas de force véritable.

22. — J'ai entendu beaucoup d'hommes autrement bien pensants, parler de leurs travaux, et ils disaient qu'ils pouvaient servir Dieu et

prier au milieu de leurs affaires temporelles.

23. — Ce que je ne voulais pas contredire, parce que tout le monde ne sait pas distinguer Dieu, la Nature et les différents DEGRÉS des mondes, ni ne comprend ce que c'est au juste que de prier en Esprit et en Vérité.

24. — On doit compatir à l'incompréhension des ignorants, et regarder le Christ qui est notre intercesseur auprès du Père céleste, et qui a pitié des brebis aveugles dépourvues de pasteur.

25. — Il y a encore, parmi les vrais croyants, de grandes différences, selon que l'on est fixé ou non dans le véritable amour, ou que l'on est dans une connaissance superficielle et profonde; ce qu'il est inutile de détailler; Dieu est et demeure son propre donateur, pourvu que nous le lui demandions sérieusement.

26. — Bien prier ce n'est pas, selon mon expérience et ma PRATIQUE, dire des mots; c'est

abimer l'esprit ou la volonté de l'âme en Dieu, et c'est un engendrement de la Sainte Trinité et Sagesse, à travers les sept Formes de la Nature.

27. — Ce qui a lieu par la MAGIE ou le désir de la Foi ; la Volonté se conçoit une MAGIE de ce qu'elle demande.

28. — Comme la volonté est aussi subtile qu'une pensée, et qu'il lui faut un corps où elle puisse opérer, elle saisit pour cela la parole du Christ dans son IMAGINATION et pénètre jusqu'à Dieu ;

29. — Mais le désir la rend dure, austère, sombre et anxieuse, elle ne ressent que du doute et de la négation ; c'est ce qui, au commencement, avant que je n'aie compris la genèse de Dieu, ne m'a pas peu TROUBLÉ.

30. — Car je ne voulais pas de Non, mais un Oui, et plus j'allumais mon désir plus je trouvais d'angoisse, de sorte que je dus cesser ; mais après un peu de temps, je recommençai,

je maudis le Non et le doute, et je conçus le désir de pénétrer dans la Lumière de Dieu.

31. — L'Esprit de Dieu me rencontra dans ce désir, et la CONJONCTION alluma le Feu par lequel ma volonté anxieuse se changea en une aimable joie, je sentis une lumière et je fus exaucé.

32. — Car tout était alors Oui et Amen et je n'eus plus de doutes.

33. — Par cette PRATIQUE, où Dieu me dirigea dans la prière, je compris plus tard la théorie de Bœhme sur les sept Formes et les trois PRINCIPES.

34. — Et je sais que ces lecteurs, s'ils ne sont pas dirigés par Dieu dans la PRATIQUE, en comprendront difficilement la profondeur.

35. — J'ai expérimenté que la voie qui passe par la colère de Dieu dans le premier PRINCIPE sombre, est aride, et ne demande pas seulement du travail, mais encore un courage

invincible, que l'homme ne trouvera pas dans ses propres forces.

36. — Que le cher disciple soit donc prévenu qu'il lui faut concevoir fortement l'Amour dans son désir et son IMAGINATION.

37. — Il trouvera ainsi courage lorsque la Colère l'effraiera, amenant le doute et l'incrédulité ; il pourra les maudire et SPÉCULER aussitôt avec son IMAGINATION dans l'Amour ; il verra ainsi comme la Colère faiblira et tombera.

38. — Je dus supporter au commencement un choc très-dur, parce que la Colère m'avait mis dans l'âme un pêché mortel contre le Saint-Esprit, comme si j'avais maudit Dieu.

39. — Là-dessus je tombai dans une humilité invertie, parce que je n'avais pas encore lu Bœhme et que je ne savais pas ce qu'étaient l'Amour, la Colère, Dieu et le reste.

40. — Notre description ne sera pas comprise de celui qui n'est pas illuminé : elle sera

même obscure à celui qui ne l'est pas entièrement.

41. — Voici une analogie prise dans la graine : Quand elle est confiée à sa mère, il faut qu'elle passe par les sept Formes de la Nature, avant de porter fruit : c'est ce que personne ne peut nier.

42. — La force végétative détermine la croissance à l'aide de la pluie et du soleil ; s'il n'y avait pas de désir MAGNÉTIQUE dans la graine, elle serait morte et ne pourrait croître

43. — Ainsi le désir MAGIQUE OU MAGNÉTIQUE de la volonté animique est le créateur et le générateur de ce que l'âme a conçu dans son IMAGINATION, c'est-à-dire de la noble et douce Lumière de Dieu.

44. — Si tu as engendré en toi cette belle Lumière où habite la Trinité, tout ton corps est lumineux et tu en ressens une grande joie.

45. — Mais cela ne dure pas dans l'extérieur; car le Dragon roux, ce ver de l'âme, ou le

PRINCIPE obscur, l'appète violemment, et veut l'avaler pour assouvir sa faim furieuse MAGNÉTIQUE.

46. — Si tu veux avoir de nouveau cette Lumière, il faut que tu l'engendres à nouveau ; et c'est un violent combat dans ton âme, entre la Lumière et la Colère.

47. — Qui t'oblige sans cesse à la prière, et te laisse peu de repos.

48. — Cette lutte dure jusqu'à ce que la Colère soit matée et se rende à l'Amour ; d'où naît dans l'âme la grande miséricorde de Dieu.

49. — Je parle d'après ma propre expérience en laissant à chacun la sienne, j'ai beaucoup souffert et j'ai dû rester sous la sombre domination du Diable, parce que le Dragon s'était levé dans mes frères et voulait engloutir dans son torrent de fureur une noble perle de lumière ;

50. — Avec l'aide de la fidèle Vierge, il n'a

pu triompher. Que Dieu en reçoive l'éternel remerciement!

51. — Lorsque tu es repris par le Christ, et régénéré par l'Eau et l'Esprit, tu deviens un prêtre du Très-Haut ayant le privilège de pénétrer dans le Saint des Saints.

52. — Car le Verbe s'est révélé ESSENTIELLEMENT dans ton cœur et par la bouche, et l'encens divin, l'esprit de la prière t'a été confié.

53. — Et tu peux prier, supplier, offrir les sacrifices d'actions de grâces et d'expiation pour tous les hommes, Juifs, Turcs et Païens, encore dans le vestibule de la chair, et présenter pour eux ton âme au Christ comme ANATHÈME;

54. — T'envelopper dans l'amour de Jésus, et l'introduire par la prière pour éteindre la faim aiguë et ignée de la prière;

55. — Tu ne dois pas enterrer dans ton âme ton trésor spirituel, ni conserver pour toi seul les dons célestes; mais laisse couler ton ruis-

seau de prières pour tous tes frères, et présente à Dieu les prémices de tes fruits d'amour; ainsi Dieu peut te bénir et communiquer sans cesse de nouvelles forces.

56. — Et par cet exercice, tu seras amené en un an beaucoup plus loin dans l'interne qu'autrement en plusieurs années; tous ceux qui ont quelque expérience reconnaitront cela.

57. — Ne sors pas, rentre et laisse sortir l'amour de Dieu, Il dirigera tes prières et t'élira de chers disciples qui te remercieront de cœur ainsi que Dieu, d'avoir contribué par ton travail au Salut de leur âme.

58. — Et si même il arrive que leur égoïsme ne se rende pas à l'Amour, et qu'il se dresse contre toi avec colère et brutalité,

59. — Demeure dans l'amour de Jésus, ne le laisse jamais sortir de ton Imagination et de ta Volonté, contiens tes frères irascibles, et pénètre par l'amour de ta prière dans leur Colère, jusqu'à ce qu'elle se rende à l'Amour de Jésus,

et qu'elle soit changée en douce miséricorde.

60. — Il faut que tu engendres toi-même avec ton Jésus, l'Amour dans la Colère pour faire renaître les frères irascibles dans le Christ Jésus, l'éternel Amour.

61. — Pense que tu es oui de Dieu, chargé de prier pour tes frères, pour les réconcilier, les ramener et les relier à Lui.

62. — Que ceci soit ta fonction sur cette terre, sois-y fidèle jusqu'à la fin, et magnifie Jésus au-dessus de toute puissance, de toute grandeur et de tout royaume.

63. — Et si la volonté propre s'oppose dans l'un ou dans l'autre, reste calme dans ta volonté, et vois de quel côté se tourne l'Ange du grand Conseil.

64. — Car ta prière ne doit pas revenir à vide mais exprimer la volonté de Dieu.

65. — Ainsi, cher Lecteur, qui que tu sois, sache qu'un vrai et ESSENTIEL chrétien est un

ouvrier dans la vigne du Seigneur; il se bat sans cesse avec la Colère de Dieu chez les Enfants de l'incrédulité, avec le Diable, avec la raison, qui s'élève dans l'âme; il les renverse et frappe à droite et à gauche, avec l'épée de l'Esprit, tous les ennemis de Jésus-Christ.

66. — Il a très peu de repos en ce monde; il doit veiller, jeûner et prier, pour que le Diable de l'Abîme ne triomphe pas, et ne lui enlève sa noble Perle de lumière, qu'il déteste par-dessus tout.

67. — Qu'il ne passe pas son temps dans la paresse et l'indolence, comme le croit à tort le monde; et qu'il ne convoite pas le superflu des riches.

68. — S'il faisait ainsi, il devrait demeurer dans le monde, thésauriser, trafiquer, acheter, vendre, courir, vivre selon le temps.

69. — Il ne pourrait pas quitter le monde, suivre le Christ dans la Régénération, ni renier

tout le temporel, jusqu'à ne plus avoir de quoi couvrir sa honte.

70. — Dans une telle vie, il devient étranger à tous les hommes, se résigne à une grande pauvreté terrestre, afin de pouvoir obtenir la noble perle de la connaissance de Dieu et de soi-même.

71. — Le Diable le recouvre de son noir manteau de vices, afin qu'il ne soit pas reconnu en ce monde, et que des âmes puissent lui être dérobées.

72. — Certainement le monde n'est pas digne de telles âmes; c'est pourquoi Dieu les laisse si cachées afin qu'elles ne soient pas reconnues et déchirées par la foule des pourceaux du Diable.

73. — Aussi est-ce une grande grâce que Dieu fait à un Riche de l'injuste Mammon, lorsqu'Il le met à même de secourir l'un de ces pauvres cachés.

74. — C'est l'Esprit de Dieu qui opère cela,

car ils ne sont pas reconnaissables extérieurement, ils ne sont à la charge de personne, ne se plaignent pas, mais sont contents de ce que Dieu leur donne.

75. — Car ce sont Ses pauvres et non pas ceux du monde ; c'est pourquoi Dieu les connaît, comme ils Le connaissent, cherchant à L'honorer et à L'adorer jusqu'à leur fin.

TABLE DES FIGURES

TABLE DES MATIÈRES

A-
chevé
d'imprimer
le trentième jour de
Décembre de l'An de Grâce
Mil huit cent quatre-vingt-dix-
sept, sur les presses de
l'Imprimerie Pro-
fessionnelle, à
Beauvais.

DANS LA MÊME COLLECTION

Trithème. — *Traité des Causes secondes.* Prix : 5 francs.

Rabbi Issachar Baër. — *Commentaire sur le Cantique des Cantiques* 2

R. P. Esprit Sabbathier. — *L'Ombre idéale de la Sagesse universelle* . . . . [illegible]

POUR PARAITRE

Martinez de Pasqually. — *Traité de la Réintégration des Êtres.*

www.ingramcontent.com/pod-product-compliance
Lightning Source LLC
Chambersburg PA
CBHW070604100426
42744CB00006B/399
* 9 7 8 2 0 1 2 6 2 8 1 0 6 *